销售中的行为心理学

没有卖不掉，只有不会卖

王晶 编著

中国商业出版社

图书在版编目（CIP）数据

销售中的行为心理学：没有卖不掉，只有不会卖／王晶编著.
—北京：中国商业出版社，2016.7
ISBN 978-7-5044-9507-5

Ⅰ.①销… Ⅱ.①王… Ⅲ.①销售—心理学—通俗读物
Ⅳ.①F713.55-49

中国版本图书馆 CIP 数据核字（2016）第 166362 号

责任编辑：武文胜

中国商业出版社出版发行
010-63180647 www.c-cbook.com
（100053 北京广安门内报国寺 1 号）
新华书店总店北京发行所经销
北京毅峰迅捷印刷有限公司
★ ★ ★ ★ ★
710×1000 毫米 1/16 14 印张 156 千字
2016 年 10 月第 1 版 2017 年 2 月第 2 次印刷
定价：35.00 元
★ ★ ★ ★
（如有印刷质量问题可更换）

序言
销售就是一场心理博弈战

你能把梳子卖给和尚、把冰卖给爱斯基摩人、把卫生巾卖给男人、把鞋卖给不穿鞋的非洲土著人吗?

在西方国家，流传着这样一句话：没有卖不出去的商品，只有卖不出去商品的销售员。这就是说，世上不存在没有卖不出去的商品，只要熟知市场知识、产品知识，研究透消费者心理，掌握了必要的销售技巧，我们就能“把梳子卖给和尚”。

乔·吉拉德说：“销售是世界上最伟大的职业，是比总统更伟大的职业。”因为，没有销售，顾客会在寻找合适产品以满足自己需求的道路上奔波劳累，生活品质无法提升；没有销售，厂商的产品堆积在仓库，其价值就无法实现，工人辛勤的劳动就如同付诸流水。销售为顾客和产品架起了一座桥梁，它激活了社会经济，闪耀了产品价值，提升了人们生活品质。销售无处不在，它渗透到商业活动、企业经营的各个环节，左右着资金流向、成交数额，决定着企业的成败，也影响着千千万万人的生活。

不过，销售虽是最伟大的职业，但要做好销售并不容易，充满艰难、颇富挑战。与陌生人接触，销售员会招来无数的白眼；与客户交谈，销售员会遭到一次次的拒绝；再好的产品，也有人视而不见，甚至狠狠踩在脚下；再美的笑脸，也有人避之如蛇蝎，甚至回头再啐上一口痰。一次又一次的努力，换来的很可能是无情的冷漠；默默而又耐心的付出，或许也只是徒劳的泡沫……

销售员如何化解各种困难，走出一条顺畅的成交之路呢？不要考虑你适合不适合做销售、够不够勤奋、运气好不好，而要考虑你摸准顾客的心没有、把准顾客的脉没有、知道怎样做销售最有效率没有。因为，销售就是一场心理博弈战，把握住了客户的心脉，就能成功地卖出产品，立于不败之地。

每一位成功的销售员都是一位杰出的心理学家。因为，他们能成功打开客户的心门、消除他们的疑虑、卸下他们的心防；他们能在洞察客户心理、了解客户喜好的基础上引导客户的消费行为，激发客户潜在的购买欲望；他们能在遇到难缠的客户时，利用心理战术，抓住并操控客户心理，化解销售难题！

本书结合心理学、消费学、营销学等多方面的知识，针对销售活动中的常见问题，对销售员在销售过程中的不同阶段如何应对，针对消费者不同心理如何解决，针对销售中的各种难题如何成交一一作了详细介绍，是我们突破销售困境、提升销售业绩、成为销售达人的行动指南。

销售能力是我们每个人一生一定要掌握的最重要的一种能力。弄懂了销售中的行为心理学，我们将受用一生，在事业、人生等各个层面创造无限财富。

目录

Contents

第一章

不是产品有问题，而是你销售有问题

“我不需要这个产品”“我对这个产品不感兴趣”“你的产品不适合我”……在销售实践中，销售员从客户嘴中经常听到这样的话。销售不成功，真的如客户所说是产品有问题吗？非也。原一平说：“销售的成功就是99%的努力+1%的技巧。”销售不成功不是产品有问题，而是销售员的工作做得还不够到位。销售不成功时，销售员要从自身找原因。

1. 没有天生的高手，只有信心不足的销售员

他是天生的销售高手，而我就是不行!? 对初入行的销售员来说，当他们遭到拒绝，吃了一次又一次闭门羹后，常常会怀疑自己不适合做销售，选择了错误的方向。于是，有些人转行了。当然，也有些人从失败中重拾自信，最终取得突破，成为“销售高手”。

那些放弃的人，真的就天生不适合做销售吗?

在心理学上，有一种著名理论叫“巴纳姆效应”。它指的是一种心理倾向，即人很容易受到来自外界信息的暗示，从而出现自我认知的偏差，认为一种笼统的、一般性的人格描述十分准确地揭示了自己的特点。

这个效应是以广受欢迎的魔术师肖曼·巴纳姆来命名的。他曾经在评价自己的表演时说，他的魔术之所以受欢迎，是因为魔术中包含了每个人都喜欢的成分，所以每一分钟都有人上当受骗。

“巴纳姆效应”告诉我们，每个人很容易相信一个笼统的、一般性的人格描述特别适合他。对那些选择放弃的销售员而言，他们其实是陷入了“巴纳姆效应”当中，在人们对销售员的所谓定义困惑了，觉得自己性格内向、胆小软弱、固执拘谨、不善交际，不适合做销售……

果真如此吗？性格不那么外向就做不了销售吗？在回答这问题之前，让我们先来看看优秀的销售员到底该具备什么样的特质。

高级营销调研主管戴维·迈耶和人力资源咨询公司CEO赫伯特·格林曾在《哈佛商业评论》上发表了一篇名为《是什么造就了优秀销售员》的文章。文章中指出，他们通过长达7年的实地研究，最终发现，顶尖销售员必备两个特质：同理心和自我驱动力。

所谓同理心，指的是“感同身受的能力”，也就是说销售员在销售过程中要能切身洞察和理解客户的立场、需求，并有针对性地调整沟通的策略，保证打动客户的心。

所谓自我驱动力，指的是在不断失败和打击之后继续干下去的勇气和决心。

销售的性质决定了这是一份不断被客户打击和拒绝的工作，失败的次数要远远大于成功的次数。

自我驱动力强的人会愈挫愈勇，将失败视为一种激励因素，加倍努力地去开发客户，而自我驱动力弱的人，则会在一开始的打击中丧失信心、选择放弃。

优秀的销售员都能做到在同理心和自我驱动力上达到一定程度的平衡，而这种平衡更多地取决于销售员的信心，而与个人性格、才能等关系不大。

小刘去拜访李总。在洽谈过程中，李总接了一个电话：“儿子，今天我没有邮票给你，回头我一定给你好好找。”

接完电话，李总对小刘解释：“我那12岁的儿子正在收集邮票，调皮捣蛋……”

接下来，小刘向李总详细地介绍了公司的产品和优势，李总却一直心不在焉，只好知趣地匆匆离开。第二天，小李又来拜访李总，这次他手里拿着一套珍贵的邮票：“李总，上次听说你儿子在集邮，正好我手里有一套，是我小时候收集的，现在不玩了，送给你吧！”

与上次不同，这次李总热情地接待了小李。他对小李感激万分：“我儿子一定很喜欢，真是太棒了！”

然后，两人热情地讨论起“调皮捣蛋的小时候”，最后，签单自然而然地就发生了。

这样的销售成功案例俯拾即是。这就是同理心和自我驱动力兼具的一个证明。销售说难很难，说易也易，就是搞清楚对方的意图，然后变着法坚持下去。

世上没有天生的销售高手，只有对客户不用心的销售员和主动放弃尝试的销售员。很多时候，只要对自己充满信心，每个人都有可能成为销售高手。

所谓自信就是发自内心的自我肯定和相信，是一种积极的心态，是获取销售成功最重要的精神力量。刚进入销售行业的新人，浅尝辄止时，不妨审视一下自己是否在面对客户总是缺乏自信：不敢和客户的目光对视、紧张、冷场、不知道怎么和客户沟通、怕跟客户说错话引起客户的反感？自己是否在几次面对客户的拒绝后就开始怀疑自己的能力：觉得自己跟别人的差距很大，慢慢变得自卑，并把“一定不能成功”的心理传递给了客户？如果答案是肯定的话，那么，你需要的只是一剂自信的良药。而一个缺乏自信的人，无论转行做什么，都不会成功的。事实上，做销售是最能锻炼自信的职业了，那些从销售工作中练出来的人，最后转行，都能成为高管。

有这样一个测验情商的题目：当一个落水昏迷的女人被救起后，她醒来发现自己一丝不挂时，第一个反应会是捂住哪里呢？答案是尖叫一声，然后用双手捂住自己的眼睛。从心理学上来说，这是一个典型的不愿面对自己的例子，因为自己有“缺陷”或者自己认为是缺陷，就通过自己的方法把它掩盖起来，但这种掩盖实际上也像上面的落水女人一样，把自己眼睛蒙上，只是欺骗自己，并不能解决任何问题。

心理学家阿德勒认为，每个人都有先天的生理或心理欠缺，这就决定了每个人的潜意识中都有自卑感存在。如果处理得好，就会使自己超越自卑去寻求优越感，而如果处理不好就将演化成各种各样的心理障碍或心理疾病。

此外，自卑容易侵蚀人的斗志，就像一把潮湿的火柴，再也燃不起兴奋的火花。

放弃“优秀的销售应该是××样”的迷思吧！浅尝辄止、把做不好销售归因于性格特征的人，你所要做的唯一的事情就是：寻找自信，在更多次挫折中磨炼出高昂的斗志、充沛的干劲、乐观的情绪。

2. 不是你不合适做销售，而是你努力还不够

如果你依然抓住性格这个问题不放，那么我们就来彻底聊一聊性格吧！在很多人观念里，外向性格的人更适合做销售，对吧？

曾有专业机构做了一项“什么性格的人更适合做销售”的调查，结果发现，选择“外向开朗和内向缜密型两种特质兼而有之”的为57.26%，回答“外向开朗型”的为32.81%，回答“内向缜密型”的为6.77%。心理学家发现，外向的人虽然有着交际广泛、乐于应酬等先天优势，但是，还有遇事容易浮躁、冲动、盲目、缺乏深入思考、缺乏韧性精神等等性格劣势，而内向的人更有充分的耐心，更具有持之以恒的精神，他们遇事理性思考，办事稳妥，注重长效，不怕困难和挫折，反而更容易取得成功。

这个世界上本来就没有绝对内向和绝对外向的人。性格鲜明只是文学家的描述偏好，现实中的人都有外向和内向的两面性。《红楼梦》中多愁善感的林黛玉，算是内向代表；泼辣的王熙凤，可谓外向代表。那么，让我们试想一下：在现实中，多愁善感的林黛玉在自己的爱人被人骗走后，会不会“暴走”，成为直闯别人洞房的“泼妇”；泼辣的王熙凤遇到痴情男子的爱慕追随后，会不会羞涩的“欲语还休”。答案是肯定的。

英国著名人格纬度心理学家埃森特认为，人格纬度的一个极端是外向，另一个极端是内向，在纬度之间有许多等次。首先，极端内向和极端外向的人是少数，大多数人是综合性的，或者偏内向些，或者偏外向些；其次，人格是可以在纬度上移动的，即，人的性格是会随着年龄和经历而改变的。

所以，我们不要随便给自己的性格下定义！你认为的内向，不过是经历单薄、“玻璃心”太重罢了；也不要随便把失败归结到性格上，你失败的唯一理由在于你努力还不够。

有一位全国著名推销大师即将告别他的推销生涯，应行业协会和社会各界的邀请，在该城中最大的体育馆中做告别职业生涯的演说。在人们的期待中，大师走上了台，同时有工作人员将一个巨大的铁球垂吊在了舞台中央，旁边从大到小还有多种型号的铁锤。推销大师说："请问台下哪位勇士能把这个1000公斤的巨大铁球敲得荡起来?"

陆陆续续的，有不少身体强壮的人走上舞台。他们纷纷抡起最大的铁锤去敲打那个吊着的铁球。整个体育馆都响起了震耳的撞击声，但那大铁球却纹丝不动。

台下渐渐安静了下来，大家认定这个球实在是太沉了，是没法敲动的。这时，推销大师拿起了最小的铁锤，他在铁球旁站定，用最小的锤子一下一下地敲了起来。十分钟、二十分钟、三十分钟、四十分钟……人们发现，巨大的铁球开始以很小的幅度摆动起来了。推销大师仍旧一小锤一小锤、有节奏地敲着。吊球随着时间的推移越荡越高，它的巨大威力强烈地震撼着在场的每一个人的心。

最后，推销大师只说了一句话："我的成功没什么秘诀，就是持续不断的努力，直到成功。"场上爆发出一阵雷鸣般的掌声。

所有失败的销售员都有共同的特征：他们做事情虎头蛇尾，开始时一副信誓旦旦的样子，似乎没有任何困难能够阻挡他们，但当他们真的遇到困难后，就会为自己找到很多冠冕堂皇的理由，不再继续努力下去。

世界第一销售、美国汽车推销大王乔·吉拉德说："销售的失败是没有任何借口的，可能有些人会觉得自己不适合做销售，自己天生就不是一块做销售员的料，也有些人总是挑剔公司的产品，产品的定价，其实这些都不是你失败的借口，你失败的唯一原因是:

你还不够认真，还不够努力。”

在外人看来，乔·吉拉德似乎就是为了销售而出生的——他做每一笔生意都那么轻松写意，他的每一个客户都对他信赖、忠诚，他谈吐优雅，有一种无法不让你信任的魅力，他诠释了“无法拒绝的销售”。然而，很多人不知道的是，他有一柜子的销售笔记，一柜子的客户资料——他每天晚上都会伏案工作到深夜，整理客户资料，分析客户信息，总结自己的成功与失败。

对于一个销售员来说，你接受了很多销售活动的训练，具备了对消费者促进销售的能力，你掌握了充分的产品知识、服务和销售理念，你可以游刃有余地为消费者提供更好的服务。然而，被拒绝还是不可避免的，并且被拒绝的次数要远大于成功的次数。这个时候，你除了有明确的目标、对成功的渴望、充满自信外，还要有坚持不懈的精神。凡是有经验的销售员都认可一句话，没有“不被拒绝的销售尖兵”，只有“不畏拒绝的销售冠军”，无论什么时候，都不能轻易放弃，坚持努力下去，也许下一分钟，就是胜利。

3. 销售产品之前，你要先学会销售自己

美国心理学家洛钦斯提出一个首因效应，也叫首次效应、优先效应或第一印象效应，指交往双方形成的第一次印象对今后交往关系的影响，也就是“先入为主”带来的效果。虽然这些第一印象并非总是正确的，却是最鲜明、最牢固的，并且决定着以后双方交往

的进程。

在推销过程中，如果销售员能够在初次见面时给人留下良好的印象，那么人们就愿意和他接近，并会影响人们对他以后一系列行为和表现的解释。反之，对于一个初次见面就引起对方反感的人，即使由于各种原因难以避免与之接触，人们也会对之很冷淡，在极端的情况下，甚至会在心理上和实际行为中与之产生对抗状态。可见，给客户留下一个良好的第一印象是多么重要。

李军是一位销售新人。他的工作是销售防蚊纱窗。上班第一天，老同事们把一个硬骨头客户交给他，曾经有 5 位销售员在这位有实力客户家门口吃了闭门羹。李军非常紧张，想着自己刚刚入行，没有经验，得罪了客户怎么办啊？想到这，他手脚不由自主地发起抖来。不过，他还是鼓足勇气摁了门铃。一位中年妇女打开门。在他结结巴巴、面红耳赤地做完自我介绍后，女主人微笑着请他进了屋。

进门后，李军手脚都不知道该怎么放。女主人很亲切地招呼他："不用紧张，随便坐吧！"然后，给他倒了一杯茶，虽然整个人都很紧张，李军还是磕磕巴巴地把自己的来意说了出来。

女主人没有过多的询问产品问题，而是跟他闲聊起来："你是刚参加工作的吧？哪个大学毕业的？"李军对这些问题的回答显然更有把握。在女主人家里聊了两个多小时，喝掉了 5 杯茶后，李军成功拿到了 2000 元单子。

在这之前，这位女主人曾经打发走的 5 位防蚊纱窗的销售员，开价都比李军的低，谈判能力都比李军高，但为什么偏偏是李军打动了客户呢？原因其实很简单，女主人说："这个小伙子敦厚、淳朴的表现让我放心。他让我想起了我大学刚刚毕业的侄子。”

在这个销售案例中，李军凭着谦恭、礼貌、真诚、真实的形象，赢得了客户的信任，并最终谈成了这笔生意。

在一些客户那里，口若悬河的销售口才、花言巧语的心理战术、步步为营的价格战略都没有任何意义，唯有正直而真实的人格，才能换取客户的喜欢和信任。不难看出，假如你能够被客户喜欢，无论你卖什么产品，客户都会很容易接受。

美国哈佛大学著名行为学家皮鲁克斯曾有一句名言：“做人是做事的开始，做事是做人的结果。把握不住这两点的人，永远都是边缘人!”

卡耐基说：“生活就是一连串的推销，我们推销商品，推销一项计划，我们也推销自己，推销自己是一种才华，一种艺术。当你学会推销自己，你几乎就可以推销任何有价值的东西。”

成功学讲究做事之前，先做人，在销售领域，这个道理同样适用：推销产品前，先推销自己，值得信赖的自己是你能够留给客户最佳的第一印象。

成功学大师珍·贝尔特兰为推销下了五个很正式的定义：

一是，推销是通过让他人了解你的信念、产品或建议，使其产生拥有某种特权、机会，拥有某些物品或是某种利益的愿望的能力。

二是，推销是专业人士或公众人物通过向人们提供服务、协助和合作，让人们给予其报酬、对其加以认可和赞誉的能力。

三是，推销是员工通过完成自己的工作、履行职责以及为企业做出贡献等方式，使雇主因其表现想要给予其报酬、升迁的机会和赞赏的能力。

四是，推销是通过自己的礼貌、和善可亲和考虑周到的行为举止，使遇见自己的人愿意敬重你、喜爱你的能力。

五是，推销是让别人愿意为你的创作、设计、绘画、发明创造、作曲或任何成就而衷心喝彩的能力。

上面的五个定义都围绕着销售员本身，而不是针对某个单独的产品或者目标。这指明了推销的本义：它是销售员一生的全部，也是本性的延伸。

销售行为心理学分析，影响客户购买心理的因素有很多，与商品的品牌和质量相比，很多时候，销售员本身反而是客户优先考虑的对象，只要客户从内心接受了销售员，对其产生好感和信任，就会更加接受他所推荐的商品。

有研究人员在一项市场问卷调查中发现，约有 70% 的客户之所以从某销售员那里购买商品，是因为该销售员为人真诚善良，客户比较喜欢他、信任他。

销售员的诚意、热情以及勤奋努力的品质更加能够打动客户，一旦客户对销售员产生了好感，对其表示接受和信赖，自然就会喜欢并接受他的产品。相反，如果销售员不能够让客户接受自己，那么其产品也是难以打动客户的，不论产品质量和品牌有多好，客户的购买意愿也很难被激发。

在与客户打交道的过程中，销售员要清楚自己首先是“人”，然后才是销售员。一个人的个人品质会使客户产生不同程度的心理反应，这种反应潜在地影响了销售的成败。优秀的产品只有在一个优秀的销售员手中才能赢得市场的长久青睐。

4. 人靠衣装马靠鞍，你的形象价值百万

美国心理学家曾经做过一个实验：在给某大学心理学系的学生们讲课时，向学生们介绍一位从外校请来的德国著名化学家。这位一口外地口音、留着络腮胡、戴着厚厚眼镜的化学家煞有其事地拿出了一个装有蒸馏水的瓶子，声称这是他新发现的一种化学物质，有些气味，请在座的学生闻到气味时就举手。结果，多数学生都举起了手。

本来没有气味的蒸馏水，由于这位“权威”心理学家的语言暗示而让多数学生都认为它有气味。

这个实验诞生了一种理论——权威效应，又称为权威暗示效应，是指一个人要是地位高，有威信，受人敬重，那他所说的话及所做的事就容易引起别人重视，并让他人相信其正确性，即“人微言轻、人贵言重”。

权威效应的产生源自于人们的两种心理，一种是“安全心理”，即人们总认为权威人物的思想、行为和语言往往是正确的，服从他们会使自己有种安全感，增加不会出错的“保险系数”；另一种是“认可心理”，即人们总认为权威人物的要求往往和社会要求相一致，按照权威人物的要求去做，会得到各方面的认可。

在与客户接触过程中，除了展示自己内在正直的人格之外，还要注重自己专业、权威的外在形象。

心理学研究指出，与一个人初次会面，45 秒钟内就能形成第一印象，第一印象的形成主要源自性别、年龄、衣着、姿势、面部表情等“外部特征”。这就需要销售员要在体态、姿势、谈吐、衣着打扮等方面下功夫，树立自己的“权威感”。

美国营销大师法兰克·贝格说过：“外表的魅力可以让你处处受欢迎，不修边幅的营销员给人留下第一印象时就失去了主动。”一项研究表明，身着商务制服和领带的推销员所创造的业绩要比身着便装不拘小节的推销员高大约 60%，因为在商务领域的商务着装会让销售员更显专业。

李晓上午一身休闲装参加了公司的户外活动。下午，他有一个商务谈判，时间有点紧张。为了准时赴约，他没换衣服就去了谈判现场。结果，整个谈判过程非常费力。他明显感觉到对方心不在焉，很多问题都没法展开。这次谈判只得草草结束了。

后来，他辗转向客户打听原因所在。客户的回答让他后悔不已：“当时，李总一身休闲装，让我们感觉他对这次谈判一点都不重视，对我们一点都不尊重，既然你们没有合作诚意，我们又何必再花心思呢！”

无数事实证明，穿着得体的推销员更受客户青睐。所谓得体，其根本是服装应该与推销环境相适合，要能与所拜访的客户类型相一致。例如，一个向农民推销饲料的推销员的服饰与向医生推销药品器材的推销员的服饰肯定不同。适应不同客户类型的穿着就叫“得体”。

对于销售员来说，原则上无论是西服还是便服，均忌讳奇装异服和过于花哨。穿着要整洁体面，打扮要干净利落，这样才会给人以干练形象，而胡乱穿着和化妆夸张只会给人一种无法信任感。

除了服装外，装饰也是很重要的一项。如香水、发型和面部化妆等都必须精心选择，力求与环境相配，令人感觉协调舒适。在通常的距离以内，客户不仅看见你、听到你，同时还会嗅到你身上散发出来的气息。因此，销售员应非常得体的装饰自己。

在西方国家，绝大多数销售员都有一个良好的习惯，那就是每天更换衬衣。这不仅能够说明一个人的清洁问题，更能表现出他是否具有良好的生活习惯，这有助于他赢得客户的好感，因为淡淡的洗衣液清香会给客户留下注重生活品质的良好印象。

作为销售员，应不停地与客户进行交流，哪怕无话可说时——例如，微笑一下或耸肩、皱皱眉头。惬意而自然的微笑是你的外表中不可缺少的重要组成部分，会拉近与客户的情感距离，而且立竿见影。良好的举止对于留下积极的印象也是至关重要的。因为，客户是通过观察你的外部表情和举止神态来观察你的内心思想的。

最后，一定要避免做出有损你形象的举止。比如，不要刚抽了烟就走进客户的办公室。如果客户不喜欢抽烟，那么你会给他留下一个极其讨厌的印象，再想挽回就很难了。

俗话说，女人靠妆，男人靠装。什么样的人就该有什么样的专业形象，这就叫职业化。再好的产品也需要包装，再帅再靓的人也需要打扮得体。做销售，形象包装是一个躲不掉的环节。因为你的形象会为你的产品增加很多分数的。出门前，请别忘了对着镜子审视一下：你够权威吗？

5. 和客户做朋友，也要保持适当距离

在任何情况下，你都不要得罪哪怕是一个客户。几乎所有销售员都明白这个道理。于是就演变成了另外一个极致：每个销售员都试图与客户保持一种亲密关系。

毋庸讳言，在销售过程中，客户变熟人，肯定对销售工作大有裨益。不过，与客户相处，销售员要把握一定的尺度，因为与客户关系过于亲密可能会导致反效果。

与客户建立浅浅的交情，但不要和客户真做朋友——一旦成为朋友，很多关系到利益的事情就不好谈了。

为了研究刺猬在寒冷冬天的生活习性，生物学家曾经做过这样一个实验：把十几只刺猬放到户外的空地上，那些刺猬被冻得瑟瑟发抖。为了取暖，它们只好紧紧地靠在一起。相互靠拢后，刺猬身上的长刺又让彼此不堪忍受，很快又各自分开。挨得太近，身上会被刺痛；离得太远，又冻得难受。没过多久，刺猬为了抗寒又逐渐靠拢。

经过多次摸索，它们逐渐找到了一个适中的距离，既可以相互取暖，又不至于被彼此刺伤。

这就是心理学上的“刺猬法则”，也称作“距离效应”，是指人际交往中需要保持恰当的距离，既能保留彼此之间的美好印象，又能避免因为走得太近而带来伤害。同样的道理也适用于销售员与客

户之间。

小文非常苦恼，她向前辈张姐请教："我跟一个客户特别好，我们无话不谈。她的狗病了，会特别拜托我送去宠物医院的。可是，为什么她就是不给我签单呢？"

张姐说："你得去问她本人啊！"

小文说："我们关系那么好，我不好意思开口问。"

张姐看着小文可怜，正好她跟小文的客户也认识，就自告奋勇地说："我帮你问问。"

张姐打电话给客户，客户听后很不好意思地解释说："其实，我一直都不太清楚你们公司是做什么的。小文每次给我联系，聊的都是生活上的事情，完全跟工作无关。我觉得她人特别好，给了我很多帮助……"

真相大白后，张姐问小文为什么从来不谈工作呢？小文说："培训课上不是说要先做朋友再做生意吗？"

事实上，销售工作要先跟客户做朋友，再做生意，是没错的，不过一味地做朋友而忘记了做生意，那就大错特错了。好的销售员会跟客户做朋友，更会与客户保持合适的距离；关心客户的生活，但会把握合适的尺度；在帮助客户解决生活烦恼的同时，从来不会忘记自己的产品。

与客户保持适当距离，无论客户与你关系多铁，销售员都必须做到这点，否则会丧失底线，给自己带来严重的不良后果。

刘锋是某知名日化品牌的当地经销商。这一年，该日化厂家要在当地招聘一个销售主管，请他帮忙推荐。刘锋就推荐了一位老部下张磊。原来的老朋友便成为甲方跟乙方的关系。一开始，两人配合得特别好，张磊积极的帮助拓展刘锋生意，刘锋也积极配合张磊进货、打款，可时间长了，问题出现了。厂家会定期向经销商发放一些市场费用，用于市场拓展。正赶上一段时间效益不好，刘锋就想多报一些费用。张磊看着老朋友的面子，加上自己也想从中谋取些小利，就积极申请了。一来二去，厂家发现了问题，开除了张磊，也取消了刘锋的代理权。

刘锋和张磊混淆了朋友与客户的界限，最后落得鸡飞蛋打。其实，销售员与客户的关系是靠利益来维护的，客户永恒不变的话题是获利，销售员需要做的是展现自己专业的销售知识，让客户感觉到你做事认真、敬业踏实，你能帮他创造销量和利润。这样的关系才是最稳定的。当然，销售员一定要坚持自己公司利益这个基本底线。

需要指出的是，除了要和客户保持适当心理距离之外，在打交道中，还要注意物理距离。

美国人类学家爱德华·霍尔博士根据人与人之间的亲密程度，将社交区域分别划分为亲密距离、个人距离、社交距离和公共距离。

亲密距离一般间隔在 15～45 厘米之间。处于这一距离中的两人，很容易就能接触到对方的身体。这一距离只适用于情人、夫妻、父母与子女或绝对要好朋友之间。可想而知，这种距离是绝对私人化的，是绝对禁止外人进入的。

个人距离一般在 45 厘米～100 厘米之间。处于这一距离中的两人，不容易接触到对方的身体，只有握手时才可以接触到对方。这一距离通常是用于熟人的朋友。如果想向对方表示一种亲近感时，也可以采用这种距离。

社会距离比较灵活，可近可远，可在1米左右，亦可在3米以上。这种距离通常适用于关系一般的人际交往，处于这一距离中的两人，通常隔几步远打招呼或寒暄几句便又分开。

公共距离一般都在3米以外。人们在公共场合经常采取这种距离，如公园散步、路上行走等。这种距离经常被演讲者和教师采用。

人与人之间保持什么样的距离，对心理距离就会产生什么样的影响，这一点是绝对的。也就是说，距离有一种“自我矛盾”——远与近的矛盾，解决好这一矛盾，心理距离才能真正发挥其功能。销售员要把握好各种距离的尺度，并在与客户的实际交往中注意使用。

6. 口才好并不等于沟通能力强

沟通能力是销售员的必备素质。沟通能力强的销售员能把没希望成交的订单搞定，能把小订单变成大订单；沟通能力差的销售员往往会把板上钉钉的订单搞丢。

怎样才算是沟通能力强呢？

有一位美国排行第5名的推销员，在还不熟悉这行工作时，曾独自会见了美国首富洛克菲勒。见面后，他非常胆怯。情不自禁之下，他只好坦诚地说：“很惭愧，见到您这样的大人物，我害怕得连话也说不出来。”

不料，这样的坦白不仅驱除了他的恐惧感，还让洛克菲勒“会心一笑”，觉得他很真诚——后面的产品推介也就水到渠成了。

沟通能力并不等于口才，尽管舌灿莲花、巧言善辩、出口成章很重要，但却不是影响销售员沟通能力的决定因素。

小美靠朋友的关系进入一家大型软件公司做销售员。可是，一个月下来，小美一个单子都没有谈下来。小美向朋友倒苦水说：“为什么客户跟我就是话不投机半句多，而别人却总能和客户快速成为无话不谈的朋友呢？”

朋友给她的建议是跟客户多接触。

三个月下来，小美还是没能搞定一个单子，只得选择离职。朋友请小美吃饭给她送行，看着小美一脸苦恼的样子，终于不再一味地安慰她，而是说了实话：“你知道你跟其他销售员的差距了吗？其他销售员一接到客户的电话恨不得马上和客户见面，而你却是能不见面就不见面，总想一切在电话里解决。就像我一直在跟你说的，要跟客户多接触，你不积极主动去接触客户，又怎么能了解客户的需要，又怎么能针对性地解决客户问题，进而说服你的客户呢？”

小美最大的失败就在于太相信语言的力量。殊不知，主动接触客户是提升销售员沟通能力的关键所在，因为很多语言之外的东西需要你去现场感悟的。有经验的销售员是善于、乐于和客户接触的。在和客户交谈时，他们总是细心、耐心地听客户的诉说，同时察言观色，摸准客户的心理，然后找到突破口，迎面出击——一笔单子就这样签下来了。

销售员掌握沟通技能的第一步是要敢于接触。因为，只有接触，才能发现，进而才能突破。接触，说起来很简单，做起来却很难。心理学认为，每个人都有一个心理舒适区。在这个区域里，每个人都会觉得舒服、放松、稳定、能够掌控、很有安全感。一旦走出这个区域，人们就会感到别扭、不舒服，或者不习惯。舒适区是人们的心理状态和精神状态，它包括人们固有的习惯、观念、行为方式、思维方式和心理定势等。

对很多初入销售行业的人来说，要想做到多与客户接触，就要不断地打破自己的心理舒适区，通过不断打破，将个人的舒适区范围不断扩大。这样，沟通能力和成单能力就能慢慢建立起来。

在销售沟通中，常见的有三种不同的沟通模式——礼貌待客式、技巧推广式、个性服务式。

在一个美容院，有小王、大王、老王三个美容顾问。

小王面对客户时，会面带微笑，主动问长问短，从天气到饮食再到孩子的教育，总会带给客户如沐春风的亲切感。小王的沟通模式就是礼貌待客式。

大王则采取另外一种方式："我们现在推出了1000特惠礼包，你可以享受到多种服务，分别是××，您想参加这次活动吗？那就要抓紧了，因为活动期限到××时候。"大王的沟通方式是技巧推广式。

与他们不同，老王的方式则更加成熟老到："现在天气干燥，我们的面部皮肤很缺水，你有没有发现皮肤干裂起皮呢？我觉得你现在特别需要我们这样的一款补水面膜。""你最近是不是工作压力比较大，脊椎有点受压迫，我们有一项理疗项目可以缓解脊椎压力。"老王的沟通模式就是个性化服务式。

三种沟通模式都会有不错的效果，三种沟通模式都需要与客户接触，灵活应对。其中，个性化服务式沟通与客户的接触最为深入，说服效果也最理想。

在销售沟通中，为了保持与客户深层的沟通，销售员可以做如下尝试：

（1）做好一个倾听者。当你微笑而诚恳地倾听客户诉说时，客户会主动说出他的需要。能让客户自己说出需求，你的销售就成功了一半。

（2）建立同理心。在与客户的沟通中，对客户问题和心态要进行换位思考、将心比心，即建立同理心。当你很好地利用同理心后，你会发现客户已经从一个难于沟通的客户变成可以交心的朋友。

（3）积极引导对方。客户提出问题后，你要积极主动展现自己的引导技术和沟通技能，正确引导对方，让客户意识到你的帮助能成功地解决他的问题。

7. 优秀的销售员绝不低三下四

乔·吉拉德认为，成功的起点首先就是要热爱自己的职业，如果不热爱销售这个职业，那么肯定做不好销售。如果不能端正心态，不能全身心投入工作中去，那你的工作同样做不好。在入行之初，吉拉德被人问起从事什么职业时，他都会大声地回答：“我是一个汽车销售员。”“就是一个卖汽车的……”很多人听到答案后会不屑一顾，但乔·吉拉德从不理会。

这倒不是他狂妄自大，而是销售员必须坚持自己的人格。美国前第一夫人埃莉诺·罗斯福曾经说过："没有得到你的同意，任何人也无法让你感到自惭形秽。"销售行业尤其如此。如果你把自己看得低人一等，那么你在别人眼里也就真的低人一等。如果你把自己的工作看作不值一提，那么你在别人眼里就是不值一提。态度决定一切，当态度改变时，你就会有一种强烈的柳暗花明、豁然开朗的感觉。

在门口踟蹰了很久，李曼终于推开了面前沉重的店门，嗫嚅着说："你好，我是××熟食公司的。"

女店员转过头来，瞪了她一眼问："什么事？"

李曼面红耳赤地回答："我，我来看一下你们这……"

"有什么好看的！"没等李曼把话说完，女店员就很不礼貌地打断了她的话，并把头扭了过去。

李曼的脸更红了。她鼓足勇气把话说了下去："你们的熟食区商品种类比较单一，如果能从我们这多进一点货，既能充分利用货柜空间，又能满足客户多样化需求……"

她噼里啪啦地把自己想说的话说完，女店员表情冷漠地"嗯哼"了两声，就以"我们考虑考虑"为借口把她打发走了……

在连续十几次被冷漠打发之后，李曼心里开始不舒服了：我是名牌大学毕业的，凭什么要干这种低三下四、丢面子的工作？销售竟然是如此一个没有任何尊严、没有任何体面的工作。

当李曼忍不住向经理抱怨时，经理的一番话启发了她："销售不是一种卑微的工作。销售员与其他人一样，都是用自己的努力实现自我价值。只是，你的尊严需要你去证明。当你尝到甜头时，你就不会这么觉得了。此刻的你千万不要灰心丧气，只要渡过入门期，只要坚持下来，肯定会驾轻就熟，把再刁难的客户把控在股掌之间。”

经理的话让李曼很受触动。她领悟到：销售是自我价值的深刻体现，是自我的再生产，是创造一个新自我的过程。从此以后，她开始思考那些很难缠的店员们需要什么，店员们每天会遇到很多销售员，这些销售员一定程度上会影响到他们接待客户的心情，如果在店员工作中出现很无聊、很疲倦时，与他们洽谈一些与工作相关的问题，他们会容易接受。

想通了之后，李曼特意找店员很空闲时与他们闲聊：“你们挺辛苦的吧”“这里的小偷多吗?”……一来二往，店员们与李曼成为了“老朋友”。

半年之后，那个城市30多家超市中的熟食柜上，摆满了李曼所在公司的产品。

心理学上有一个不值得定律：不值得做的事情，就不值得做好。这个定律反映了人们这样一种心理：一个人如果从事的是一份自认为不值得做的事，往往会保持冷嘲热讽、敷衍了事的态度，不仅成功率低，而且即使成功，也不觉得有多大的成就感。相反，如果一个人从事的是一个自认为值得做的事情，他会开动脑筋，解决困难，想方设法将事情做好，成功率会很高，做成功之后，也会有很大的成就感。

对于销售员来说，不管是高层的销售经理，还是底层的业务代表，都应该端正态度，坚信自己所从事的销售工作是一项值得去做的工作。乔·吉拉德说：“每一个推销员都应以自己的职业为骄傲，因为推销员推动了整个世界。如果我们不把货物从货架上和仓库里面运出来，整个社会体系的钟就要停摆了。”销售员不妨将此话谨记在心。

每个人都希望发挥自己的才能，为自己的梦想而努力，这既是人们实现自我的一种心理需要，也是一种对人生价值的追求。对于销售员来说，既然从事了这种职业，就应该全身心地投入进去，用努力换取应有的回报。

需要强调的是，如果认为销售需要逢迎谄媚、向别人打躬作揖才能完成，那就大错特错了。有时，当订单看似已经飞走时，平庸的推销员会低三下四地向客户请求说：“请你帮帮我吧，我必须养家糊口，而且我的推销成绩远远落后于别人，如果我拿不到这一笔生意，我真的不知道该如何面对我的老板了……你可以帮我这个忙吗?”这话说出来，不会赢得客户的丝毫同情，只会让客户反感，因为你为你自己和你所代表的产品勾勒出一幅不安全、不稳定和欺骗人的画面。

一般来说，优秀销售员应该正确保有的心态是：

慈悲心，就是面对客户要忘记自己的利益，而完全站在客户的角度去考虑问题，帮助客户解决问题。

自信心，要绝对相信自己的产品、相信自己的能力、相信你所在的公司，客户会被你的自信感染。

平常心，正确看待客户的拒绝，不气恼、不悲观，要知道，在客户谈判中，10%的成功率已经是非常高了。

任何一个销售员和客户都是平等的关系。优秀销售员绝不会去乞求别人的施舍，也不会傲慢自大。他们只会努力地使自己的工作变得更好、更优秀。他们以自己的工作为荣，以满足客户的需求为最终的目标。

8. 忽悠是搬起石头砸自己的脚

美国营销专家赫克金特别强调销售中真诚的重要性，有这样一句名言："要当一名好的销售员，首先要做一个好人。"这被营销界称之为赫克金法则。

赫克金法则认为，优秀销售员的业绩是普通销售员业绩300倍的真正原因与长相无关，与年龄大小无关，也和性格内向外向无关，而与销售员本身是否真诚可信有关。赫克金法则得出的结论是，真正高超的销售技巧是如何做人，即如何做一个诚实、真诚的人。

很多人把销售水平等同于忽悠能力。这种认知实在太肤浅。因为，在这样一个信息透明化时代，任何忽悠人的行为都是在搬起石头砸自己的脚。

有这样一句话：你可以在部分时间欺骗所有人，或者在所有时间欺骗部分人，但永远不可能在所有的时间欺骗所有人。真诚是做人的基本准则，是所有行业的通行证，在销售中更是如此。耍小聪明，或者投机取巧的销售员虽然暂时可以获得一点利益，但绝不是长久之计，而老实、真诚看起来有点愚笨的销售员最终会赢得客户的认同，在生意上获得长久利益。

乔治是一名美国职业保险推销员。有一天，他去拜访某公司财务经理尼克。“尼克先生，您好，我是××公司的保险推销员，我给你带来了一款非常适合您的保险产品。”

乔治直入主题。不料，尼克也很直接：“很抱歉，前段时间我已经投保了。”

乔治没有任何的退缩：“尼克先生，请问您投保的是哪家公司?”

“××保险公司。”

“您投保的公司很不错!”乔治非常中肯地说。

尼克听了感到很惊讶，他觉得乔治夸赞对手是一件不可思议的事情，且听着别人说自己投保的公司很不错，又觉得很自豪，复杂的心理促使他继续问下去：“真的吗?”

“当然!”接下来，乔治中肯地向尼克详细介绍了对手公司的优点，并对尼克选择的保险产品提出了专业性指导。尼克聚精会神地听着，不时地点头附和。

说完之后，乔治礼貌地说：“尼克先生，很抱歉，打扰您了，也很遗憾不能跟您合作。希望以后有机会吧！再见。”

后来，得知有朋友想购买保险后，尼克首先想到了乔治。因为他觉得像乔治这样真诚称赞对手的推销员实在不多，一个能够称赞对手的人一定是个客观、诚实的人，而且是值得信赖的人。于是，他打电话给乔治：“我有朋友要购买保险，你能给出一个好的建议吗?”

就这样，虽然第一次会面，乔治无功而返，可随后尼克给乔治介绍了好几个朋友来他这里购买保险。

据美国纽约销售联谊会统计：70%的人之所以购买产品，是因为他们喜欢、信任和尊敬销售员个人。因此，要使交易成功，诚信不但是最好的策略，而且是唯一的策略。因为比起任何忽悠技巧，真诚更能打动客户的心，因为精明的销售员总让人看不透，每个客户都愿意面对真诚的销售员，真诚能赢得更多的信任。

作为一个优秀推销员，在商品经济愈加完善的今天，诚实、真诚是不可或缺的必备素质，这就需要在销售工作中，销售员要做到：不能够做出对自己、公司或产品不正当的陈述。对客户做出的承诺一定要兑现。如果潜在客户对产品或服务的应用或者理解不对，优秀销售员应当及早告知，而不是利用潜在客户的不理解促成交易。当发生你能力所能控制范围之外的情况、并且影响到客户利益时，要立刻通知客户。千万不要靠提供回扣给决策者来换取订单，不要贬抑竞争对手，这样做只会招致反效果。

当今社会，是一个销售过度的社会。普通人每天都要遭遇各种各样的推销，他们已经见多识广，销售员的小手段、小聪明很容易被看破，即便偶尔取得成功，这种成功也是相当短暂的。时间久了，违反诚信法则的人，是无法在这个行业中生存下去的。

美国销售专家齐格拉对此深入分析道：“一个能说会道却心术不正的人，能够说得许多客户以高价购买劣质甚至无用的产品，但由此产生的却是三个方面的损失：客户损失了钱，也多少丧失了对他的信任感；销售员不但损失了自重精神，还可能因这笔一时的收益而失去了成功的推销生涯；从整个行业来说，损失的是声望和公众的信赖。”

因此，任何想在销售业界打出一片天地的人，都要珍惜自己的羽毛，重视自己的信誉，而非舍本逐末，过多追求什么忽悠术。

第二章

不是客户有问题，而是你没摸透他的需求

有些销售员经常会遇到这种情况，当你使出浑身解数，口干舌燥后，才发现对面的人根本不是“真正客户”。有些销售员总是遇到故意刁难人的客户，他会不分青红皂白地指责你，会毫不留情面的拒绝你，会花样百出地为难你。有些销售员总是会遇到难以成交的客户，在与客户接触了很多次，交流了很多次之后，甚至跟客户成了无话不谈的朋友后，还是没能从客户手中得到订单。这些都不是客户有问题，而是你没看透客户的需求。

美国著名的销售大师凯比特说：“每个人讲话的力量都是巨大的，它能把不可能变成可能，把不利变成有利。不同的人有不同的乐于接受的方式，所以要想使自己被别人接受，达到推销自己的目的，就必须先了解对方乐于接受什么样的方式，针对他们的不同，采取不同的话术，研究并熟悉他们，努力扩大应对的范围，优化应对方法。”“找对人，说对话，做对事”是销售的三绝招，当销售员能够熟练掌握之后，你就会发现，客户是多么的亲和。

1. 你只要肯主动出击，遍地都将是机会

有一个销售新人干了一周工作以后，心灰意冷，向主管提出辞职。

主管问他："你为什么要辞职呢?"

他回答："没有客户，没有业绩，只好不干了。"

主管拉着这位销售员走到窗口，指着大街问他："你看到什么没有?"

"人啊!"销售员有点茫然。

"除此之外呢?"主管接着问。

"除了人，就是大街。"

主管又问："你再看一看。"

销售员摸不准头脑，回答说："就是人，还有街道啊!"

主管说："在茫茫人群中，你难道没有看到许许多多的、数也数不清的客户吗?"

接着，主管给他解释了什么才是人（MAN）。

一个人是不是准客户，至少具备以下三个条件：

1. 钱（MONEY）

一个月收入只有 1000 元的上班族，你向他推销一部奔驰车，方

向显然是错误的。在寻找客户时，销售员首先要确定客户是否有支付能力。

2. 权力（AUTHORITY）

很多销售员付出了很多努力，最后却未能成交，很可能就是找错了人，找了一个没有决定购买权的人。比如，玩具推销员拼劲力气向小孩推销玩具有用吗？要知道，小孩是玩具的使用者，妈妈才是具有购买权的人——“不能耽误学习”，妈妈这一认知能让你所有口舌付诸流水。

3. 需求（NEED）

张太太刚买了一部非常喜欢的空调，你再向他推销空调，尽管他具备购买能力和决策权，但她还是不会购买，因为她的需求已经得到了满足，不再有更多的需求了。

钱（MONEY）、权力（AUTHORITY）、需求（NEED）三者一起，才构成了销售眼中的人（MAN）。

推销员恍然大悟，感谢主管的指点，赶紧努力去寻找客户。

“没有客户”是很多销售新人的烦恼，也让不少销售新人因为这个问题放弃了销售这一职业。事实上，真的是没有客户吗？是你没有找到客户，还是你不知道寻找客户的技巧，还是你没有寻找客户的决心呢！

在这样一个便捷的时代，其实找准客户的途径很多。

网络已经普及，销售员可以通过网络查找客户资料。例如，一家咨询公司的销售员就经常从网上了解目标客户的资料，包括对方企业的发展历史、现状、员工人数、主要产品、公司负责人等等，有了这些资料，一般就能准确锁定哪个是要说服的准客户。

当然，销售员不能怕跑腿、不能怕说话，结合网络搜索的资料，你可以亲自去拜访一些潜在客户，或者打电话去洽谈一下，这可以帮助你更全面地了解客户。

在现在社会，信息就是生产力，你可以从多方面侧面了解一些客户的情况。比如，有一个广告销售员，他跟每个潜在客户的前台小姐、维修工人、清洁工、搬运工都建立了良好的关系，当这些客户有广告需求的时候，他总会第一个得到情报。

寻找客户是一项细致的工程。在销售实践中，很多方法是千变万化的，销售员要懂得灵活运用，不要墨守成规，教条主义。

最为重要的是，销售员一定要低得下头、弯得下腰，并且能细致地看到别人看不到的准客户。

有一个做人寿保险业务的销售员，发现公司所有的同事推销的客户基本上都是一些中产阶级，而对那些大公司、大企业的老总、经理等成功人士却无人问津。他觉得很奇怪，就问同事为什么不向这些成功人士推销保险，这可是一批大客户，如果谈成，会给自己带来很大的收益。而同事却对他的想法嗤之以鼻："你真够幼稚的，人家都那么有钱，不管是什么保险，早已经买过了，难道还能留着等你去推销啊?"但是，这个执着的销售员却不这么认为："你怎么知道他们都已经买过了呢?"同事呵呵一笑说："说你傻你还真傻啊！用脚指头想想都知道是这么一种情况，虽然我没有确切的市场资料，但是我敢保证，99.9%的这样的客户都已经买过了。不要白费时间了。"

这名销售员还是坚持自己的想法：既然没有确切的数据证明，就说明这是一块潜在的巨大的市场，即使他们都买过了，自己也要去试一试。于是，在其他同事都朝着中产阶级的方向拥挤时，他却单独去跑这些高层人士的业务。在他的努力下，最终成功说服了几个公司的董事长购买保单，并且这些大客户又把这个销售员介绍给自己的朋友，当然也都是一些成功人士。这些成功人士买了以后觉得不错，又介绍给自己其他的朋友。

就这样，这名保险销售员逐渐在那些成功人士中签了很多保单，取得了很好的业绩，并赢得了很大一笔收入。

做销售，有时就是要有不惜打破常规的精神。有钱（MONEY）和权力（AUTHORITY）的人，其需求（NEED）往往不是你能想象的，不试一试又怎么知道呢？只要肯主动出击，遍地都是机会，销售员切忌做守株待兔的农夫，一定要敢于去抓捕奔跑中的兔子。

2. 发现客户真正的需求需要不断“试错”

一把坚实的大锁挂在大门上，一根铁杆费了九牛二虎之力，还是无法将它撬开。钥匙来了，它瘦小的身子钻进锁孔，只轻轻一转，大锁就“啪”的一声打开了。

铁杆奇怪地问：“为什么我费了那么大的力气也打不开，而你却轻而易举地就把他打开了呢？”

钥匙笑着说：“因为我最了解他的心。”

同样的道理，了解了客户的真实需求，销售员就能轻而易举地敲开客户的心门。

一个人的心理需求是购买决策的最大决定要素。马斯洛需求层次理论告诉我们，人的需求遵循生理需求、安全需求、被尊重的需求、人际交往的需求和自我实现需求的递增规律。在物质丰富的今天，人们低层次的需求大多得到了满足之后，高层次的需求成为撬开客户心门的关键钥匙。

智威汤逊广告公司的总裁伯特·曼宁是销售员出身。他曾经卖过《大英百科全书》、高级厨具等。不过，他的第一桶金来自于墓地销售。一开始，曼宁每天拎着手提箱挨家挨户地去推销墓地。他会热忱向对方说明为什么墓地是最值得投资的产业，比如芝加哥人口骤增，墓地一定会越来越少；比如公司保证 5 年之内使购买人不承担任何风险。可是，虽然曼宁说得天花乱坠，但他很长时间都没有出单。

慢慢地，曼宁发现，财务方面的收益率并不是客户购买墓地真正关心的重点。再次拜访时，曼宁这样对客户说："那些墓地真的给你们提供了一个绝佳的机会，让家人可以葬在一起。另外，子孙扫墓时非常方便，再也不必开车到城外几百公里去看祖父母的墓地。"

凭借着一套脉脉含情的说辞，再加上家长里短的闲话，曼宁很快就成为当年的销售冠军。

曼宁的成功在于发现了客户的真正需求：购买墓地的客户都是家庭观念很重的人，亲戚关系非常密切——表亲、祖父母、叔伯、姑姨来往频繁，他们的家庭观念很重，乡土观念也很深。因此，比起省钱和升值空间，家庭间的亲情更能打动客户的心。

销售员不要想当然地去主观判定客户的购买动机。你以为的未必就是对。这和人与人的交往一样，很多人交往久了，你会发现他并非一开始认为的样子。和客户打交道也需要一个过程，发现客户的真实需求需要不断“试错”。

客户的购买行为受欲望的驱使，而非完全根据逻辑推理去判断是否应该购买。不成功的推销各有各的原因，而成功的推销只有一个原因：它找到了进入客户真正需求的捷径与切入点，它着眼于“发现和满足客户想要的”，从心理需求、情感欲望上，促使客户为自己找到了最好的购买理由。

类似医生给病人治病，对症下药，才能药到病除，销售员给客户推销产品，应首先充分、全面地了解客户的需求所在、期望所在，然后才能让他主动掏腰包。可是，在实际工作中，我们应该如何发现客户的真正需求呢？

所谓客户的真正需求，即购买动机源自于客户对现状的不满，他期望改变现状，以达到一个新的高度。达到新的高度需要一定的硬件和软件等两方面的条件作为支撑，销售商提供的产品和服务就是客户需要的硬件和软件。

在人流涌动的菜市场，一个老太太在市场上买李子，她来到了第一个小贩面前。老太太问：“这李子怎么样？”第一个小贩回答：“我的李子又大又甜，特别好吃”，结果呢，老太太摇了摇头没有买，走到第二个小贩那里。

第二个小贩说：“我这里是李子专卖，各种各样的李子都有，您要什么样的李子？”老太太回答：“我要买酸一点儿的。”第二个小贩说：“我这蓝李子是偏酸的，您要多少？”“来一斤吧。”老太太买完李子继续在市场里逛。

她走到了第三个小贩面前问："你的李子多少钱一斤?"第三个小贩问："请问您要哪种李子?是您吃吗?"老太太回答："不，我儿媳妇要生孩子了，想吃酸的。"第三个小贩："老太太，您对儿媳妇真体贴，她想吃酸的，说明她一定能给您生个大胖孙子。您要多少?""我再来一斤吧。"老太太被小贩说得很高兴，便又买了一斤。

小贩一边称李子一边继续问："您知道孕妇最需要什么营养吗?孕妇特别需要补充维生素。猕猴桃含有多种维生素，特别适合孕妇。您要给您儿媳妇天天吃猕猴桃，说不定能一下给您生出一对双胞胎。"老太太被小贩说的眉开眼笑："是吗?好啊，那我就再来一斤猕猴桃。"小贩开始给老太太称猕猴桃，嘴里也不闲着："我每天都在这儿摆摊，水果都是当天从批发市场找新鲜的批发来的，您媳妇要是吃好了，您再来。"

在故事中，第一个小贩错估了客户需求导致客户流失了；第二个小贩只发现了客户的外在需求，所以只促成了一次交易；第三个小贩发现了客户真正的并且是深层次的需求，实现了长期的多层面的销售。其实第三个小贩的做法很简单，就是有效引导客户说出自己的需求。

不难看出，发现客户真正需求有一个通用的窍门：客户所有的真正的需要都是他自己说出来的，所以销售员不要销售，要引导客户自我完成销售。一般来说，客户真正的需要他都会说出来的，这就需要销售员去注意倾听，并有效引导。

3. 要想钓到鱼，就要像鱼那样思考

“为什么我与客户接触了很久，客户就是不领情呢？”

“为什么我说的话，客户都不会注意听，只是一味地敷衍呢？”

“明明产品非常好，为什么客户就是不动心呢？”

不少销售员都有这样的疑问。

问题的关键是什么？先让我们看下这个例子：

甲、乙两个销售员到同一个客户那里推销家用电器。

甲见到客户后，便口若悬河地介绍自己商品的质量多么好、多么实用，如果不购买的话会多么可惜，结果客户毫不客气地打断了他，说：“不好意思，先生，我觉得它并不适合我。”甲只好灰溜溜地离开了。

乙见到客户，没有聊产品，而是跟客户拉起了家常。他通过和客户闲聊家里的装修设计，揣测客户生活的档次和消费品位；通过和客户聊桌上孩子照片的拍摄时间、地点，揣测客户的家庭情况。等到介绍到家用电器时，乙没有直接向客户推介，而是询问起客户生活中有什么样的不便，客户需要什么样的款式和档次，并仔细地为客户分析使用最新电器能够给客户带来多少潜在利益。最后，乙并没有把手头的商品卖给客户，而是说公司最近会推出一款新机型，特别适合客户的要求，希望客户能够等一等，自己过段时间再来。

对于乙的拜访，客户非常感激，他深深地感到乙所说所做的都是从他的立场出发。最后，当然以订单来报答。

当销售员抱怨客户时，最应该做的是换位思考一下，你有没有考虑客户的需求？有没有照顾到客户的感受？是否一味地关心自己的商品是否能卖出去？是否一味地夸赞自己的商品多么优质？

在销售过程中，客户最关心的人永远是他自己。如果销售员不能说一些客户最关心的东西，就相当于在说废话，你的拜访就是在浪费客户的时间，你的劝说就是在敲诈客户的金钱，你的不屈不挠就是在折磨客户的神经。视客户为“上帝”，以客户为中心，说起来很简单，可在实际销售中，销售员总是会不自觉地走偏。

晚上，农夫想把牛赶进牛棚，不料，牛却犯起了牛劲，死活不肯进牛棚。农夫使出了吃奶的劲，牛还是丝毫不动。这时，农夫的妻子从河边拔了一捧青草，然后一边喂牛一边向牛棚里走，结果很快就顺利地将牛带进了牛棚。

对于牛来说，它最关心的是什么？它不会关心晚上自己被偷后，主人家有没有损失；也不会关心主人的田还等着它第二天耕作；它关心的是能否吃到肥美的青草，喝到甘甜的井水。农妇意识到了牛最关心的就是自己的口舌之欲，所以能轻松搞定。

这个故事听起来很搞笑，但仔细想想，很多销售员每天忙乎的样子，不同样很搞笑吗？你有这样那样的任务，你的产品比对手厉害好多等，但这些东西有时跟客户的需求没有任何关系的。

有一种销售理念是，要想钓到鱼，就要像鱼那样思考，而不能像渔翁一样思考。销售员要想赢得客户的尊重和信赖，首先要做的是站在客户的角度思考问题，而不能一味地站在自己的角度推销。

客户最关心他自己，销售员就应该投其所好，做到客户关心什么，销售员就关心什么。

客户才是“上帝”。销售员不妨把自己定位在客户助理角色上，一方面，时刻替客户着急，为客户出谋划策，帮助客户解决问题。如此一来，他不但能获得客户的信任，也能和客户成为生意场外的朋友。

另外，在与客户接触过程中，销售员一定要让客户感到开心、舒心、放心。这样，他们才会进入你的视线，为你带来订单。每个人都有自己与别人相处的习惯和方式。如果销售员不遵守客户的习惯，势必会引起客户的反感，当客户对销售员自身产生疑问时，也就没有后来的成交了。

4. 你要替客户说出其潜在需求来

客户需求一般分为具体需求和潜在需求。客户的具体需求指他明确知道自己想要什么，希望要什么。客户的潜在需求比较抽象，或许只是他的一种意识，也许是他需要解决某一问题想到的方法。这种意识很抽象、很模糊，却是销售员发掘商机的目标所在。

有时，客户对于如何实现自己的潜在需求，并不一定能做出正确的选择。销售员要通过外在表象找出其内在需求，然后引导到自己的产品上来。

在反法西斯战争中，某支英军连队在讨论问题，现场气氛非常紧张。上尉在会场前来回踱着步子，着急地嘟囔着：“为什么呢？这该怎么办？”

原来，英国军方向士兵推出了一种保险：如果士兵每个月交20英镑，那么万一在战争中牺牲了，他将会得到2万英镑补偿。保险推出后，军方把命令下达到各个连队，要求让士兵们购买保险。上尉遵照命令，把士兵们召集到一起，向大家说明情况后，竟然没有一个人愿意购买。

“在战场上随时都会没命，我买保险还有什么用呀？”

“对，还不如用20英镑买几瓶酒，喝个痛快呢！”

“是啊，要战死，买上保险不是照样死吗？何必浪费20英镑。”

“是，我们坚决不买！”

全场陷入了僵局。

这时，一位老兵站起来说：“上尉，让我给大家解释一下买这个保险的意义吧！”

“我都说不动他们，更何况是你？”上尉对老兵不抱任何希望，但想了想，还是决定让他试试。

老兵面向大家说：“伙计们，我跟大家说一下我对这个保险的理解。战争已经开始了，大家随时都会被派往战场。如果你买了这个保险，到战场，你牺牲了，你就会得到政府给的2万英镑赔偿金；但是，如果你没有买保险，你上了战场被打死了，政府是不会给你一分钱的，也就是说，你等于白死了，对不对？”

大家纷纷点头表示同意。老兵见状，接着说：“亲爱的战友们，你们想一想，政府首先会派战死了需要赔偿2万英镑的战士上战场，还是会先派战死后不用赔偿一分钱的战士上战场呢？”

此话一出，全场又是一片喧闹，大家都在议论。

3分钟后，士兵们安静了，最前面一排的一个士兵站起来，大声说："我们同意购买保险。"

这时，上尉用惊讶的目光看看全场士兵，又把目光转向老兵，眼里充满了敬佩。

客户的潜在需求就像一个冰山，表面上看，它一点都不显眼，但水面下却是深不可测的，这就需要销售员能深挖下去，等你看到了客户心理的全貌，也就抓住了整个客户需求市场。

"我不需要"、"我用不着"、"对我没用"等，销售员都会碰到类似问题。客户说这种话，有的是客户对销售员的心理抗拒，有的则是客户没有意识到自己的潜在需求。销售员只有对所推销产品和客户都有深入了解，才能挖掘出客户的潜在需求，并找出与产品的契合点来。当你能带给客户"真的是这样"的惊喜时，你的推销就成功了一半。

上面的故事中，是老兵而不是上尉准确挖掘出了士兵们的潜在需求，是因为老兵跟士兵们相处的时间久了。彼此都很熟悉，在实际的销售工作中，销售员不可能跟客户长期吃住睡在一起，那么，销售员应该如何快速挖掘出客户的需求呢？

（1）换位思考。销售员懂得换位思考，以同理心揣摩客户需要什么样的产品，什么样的服务，才能真正打动客户。

（2）观察入微。销售员在与客户沟通的过程中，要对客户的言行举止、穿着打扮、精神状态等微妙的变化都进行细致的观察与分析，借此判断其有无潜在需求。

（3）加强沟通。销售员除了与客户进行直接沟通外，还可以加强与客户周边人的沟通，比如客户所在公司的前台、司机、保洁等等，多方了解客户的工作状况、生活状况、性格特征，这将为我们挖掘客户的潜在需求提供更多的帮助。

（4）直接询问。有些腼腆的客户不会主动表达出自己的需求，这就需要销售员能直接提问，通过问题的引导挖掘客户的潜在需求。

5. 快速识别客户类型，你必须练就火眼金睛

很多销售员会遇到这种情况，使尽浑身解数口干舌燥之后，才发现客户根本就没听，只得灰溜溜地冷淡收场。对销售员来说，这是巨大失败。

对一个合格的销售员来说，你必须修炼出“火眼金睛”，能够在一群客户中一眼就能判断出谁是真正的客户，能准确洞察出你的客户有什么需求，知道你该如何去与他打交道，如何迎合他的需求，从而促成订单。

合格销售员必须掌握常见的有以下几类客户的应对技巧。

（1）内向型

“你不用给我介绍了，我自己随便看看!”

这类客户看到销售员第一反应是拉开距离。此时，销售员不要气馁。因为内向型客户习惯性地和陌生人保持一定距离，生活比较封闭，这跟你没有多大关系。

对内向型客户，销售员给予他们的第一印象将直接影响着他们

的购买决策，对这一类客户需要投其所好，这样容易谈得投机，否则会较难接近。

（2）随和型

“你们都有什么产品啊？”

随和型客户看到销售员后，一般会主动询问。他们总体来看性格开朗，容易相处，内心防线较弱，不喜欢当面拒绝别人，这是所有销售员的理想型客户。

对随和型客户，销售员的应对措施是要有耐心地沟通。适当展示幽默和风趣，会发挥意想不到的作用。

（3）虚荣型

“你们能有什么新东西？！”

对销售员上前介绍不屑一顾，甚至反讽相击，这类客户多属于虚荣型客户。他们在与人交往时喜欢表现自己、突出自己，不喜欢听别人劝说，任性且嫉妒心较重。

对这样的客户，应采取“捧杀”策略：在推销产品前要奉承好对方，通过附和、赞美、搬来权威等方式来足够满足其虚荣心。

在接触时，销售员首先要寻找对方熟悉并且感兴趣的话题，以建立沟通平台，并在沟通过程中不断展示你在推崇他；在整个推销过程中不要让其感觉你对他是强力引导，而是顺着他的意思，他才是“上帝”；最好能有第三者同时帮着推崇他，将容易令客户心情愉快地做出购买决策；如果他是迷恋权威的人，就不妨多举一些他喜欢的明星名人案例。

（4）好斗型

“你别跟着我，我就只是看看。”

这类好斗型客户对于销售员的任何一个小动作都反应很大，他们好胜、顽固，对事物的判断比较专一，又喜欢将自己的想法强加于人，征服欲强，喜欢纠缠细节。

应对好斗型客户，首先要做好心理准备，做好被他步步紧逼、丢面子等情绪准备；其次，要准备好武器——产品说明和权威证书等具有说服力的资料，这对促成交易有较大的帮助。

（5）顽固型

“你不用说了，我不会买的。”

顽固型客户在消费上具有特别偏好，他们往往被思想束缚，不愿意轻易接受改变消费习惯，对销售员的态度强硬且冷淡。

销售员不要试图在短时间内改变这类客户的消费习惯，否则容易引起对方强烈的抵触情绪和逆反心理。明智的选择是通过已有的产品和权威证书等资料向客户进行说明，成交机会相对较大。在沟通中只要客户不表示拒绝就表示将有促成交易的机会。

（6）怀疑型

“你说的是不是真的啊？”

怀疑型客户对产品和销售员会提出各种质疑，这类人其实对整个世界都习惯保持怀疑的态度。他们并不是对产品有敌意，有时候仅仅是基于无知的怀疑。

针对这种类型的客户，销售员的心态非常重要，一定不要因客户影响自己的心态，一定要对产品充满信心，拥有自信。

（7）寡言型

“嗯……”

这个寡言型客户在整个推销过程中表现冷漠，对销售员的推荐不感兴趣，对销售员的问话，只以“嗯”“对”“不”回答，属于见多识广、“心机较深”的客户，他们往往是在通过你的话来刺探信息。

针对这种类型，销售员要很谨慎。在讲解一段时间后，对方还是不热情，那么就要转换方式了，要抛出来一些问题刺激客户的谈话欲望，变被动为主动。

6. 你巧问到位，才能引诱客户“金口大开”

《圣经》中有一个通天塔的故事：

创世之初，普天之下的人类同操一种语言。出于骄傲，人们想建一座通天之塔，以证明自身的无所不能。上天知道后，对于人类的骄傲感到非常愤怒，便将人类拆散至世界各地，分化了他们的语言。于是，人们无法交流，最后筑塔的梦想也成为泡影。而人也从此不再沟通、交谈与倾听……

这故事讲的是，人们为着共同目标而奋斗，却因为存在交流障碍而功败垂成。在销售中，沟通的作用就类似于“通天塔”，是销售工作成功与失败的关键。

销售员会发现，有些客户不配合工作，问他需要什么，他们不肯说，要么免开尊口，要么说“随便看看”，“看看再说”，要了解他们的具体需求，很难。这很正常，因为“客户的金口难开”是销售员常遇到的问题。

没有永不开口的客户，只有没有问到位的销售。善于提问、把问题问到客户的心里去，才能诱导客户说出自己真正的需求。

那么，什么样的问题最有效呢？

（1）简单型问题

在销售的前期，问话更多地是为了探询客户的需求，在了解客户的需求后，展开产品的推荐便较为容易，想要客户说出自己的需求，就需要问一些简单的问题，而不问那些敏感、复杂的问题，比如，“是您自己用，还是送人？”“您平常的电话多吗？”

下面的案例就很好地运用了简单问题提问法。

“先生来看手机啊？”看有客户来看手机，门店营业员热情地走了过去。

“是啊。”

“你买手机是自己用还是送人啊？”

客户说：“我家老人从老家过来了，想给他买个手机方便联系。”

“哦，您是买手机给老人家啊，给老人买手机我给您推荐一款。老人家视力不好，要买屏幕大点的，按键也大点的，好打好接就够了。这一款手机比较符合，而且还带有收音机功能，老人喜欢听广播，没事了当收音机听也可以……”

营业员拿出一款手机，让客户试听了下广播，客户听着效果还不错，就问多少钱，他说：“现在特价，只要 1980 元。”然后，客户很爽快的就买单了。

（2）启发型问题

在销售沟通的过程中，可以问些回答为“是”的问题，客户会觉得你提出的问题是为他着想，利于沟通。具体话术如下：

“如果不合适，买了用不了几次，反而是浪费，您说是吧？”

“买东西款式非常重要，您说是吧？”

“买东西质量非常重要，您说是吗？”

“买品牌的产品售后服务比较重要，您说是吧？”

这种提问方式循循善诱，有利于表达营业员自己的观点，促使客户进行思考，控制推销劝说的方向。

（3）求教型问题

营业员可以用婉转的语气，以请教问题的形式提问。这种提问的方式是在不了解对方意图的情况下，先虚设一问，投石问路，以避免遭到对方拒绝而出现难堪的局面，又能探出对方的虚实。

比如，一位销售员准备成交，但不知对方是否会接受，又不好直接问对方要不要，于是试探地问：“这种商品的质量不错吧？您觉得呢？”如果对方有意购买，自然会评价；如果不满意，也不会断然拒绝，使双方难堪。

（4）限定型问题

卖煎饼的直接问客人：“您加蛋还是不加蛋？”有些客人会说：“不加蛋”。如果卖煎饼的问：“您加一个蛋还是两个蛋？”几乎所有的客人都会说：“一个蛋”。这就是限定型问题的魅力。

在销售流程的后期，客户对产品产生浓厚兴趣而有可能购买的情况下，营业员可问一些二选一的问题，给出两个可供选择的答案，这样你得到的两个答案都是肯定的。比如，“你是要 A 套餐，还是 B 套餐？”

最好的销售员常常是商业顾问，而非销售者。他们与客户沟通的整个过程就像是剥洋葱，一层层提出好的、有见地的并且透彻的问题。需要强调的是，连续发问是销售员的大忌，问了问题后，我们要等客户回答，并根据客户的回答来做针对性的推荐。

（5）引导型问题

一件事由营业员来告诉客户，他们会怀疑；如果让他们自己说出来，这就是真理。引导型问题就是基于这点，让客户自己说出自己的需求，这种方式，能让客户对你打算为他们提供的产品和服务产生信任。

来看一个例子。如果推销员遇到一个六十多岁的老太太，马上说："您老人家气色不太好，需要注意营养……"结果会怎样？老人家心里肯定不悦，偏要说身体还不错。于是，谈话就陷入了僵局。

这时如果换一种方式，你以关心的口气说："您看上去气色不错嘛，腰板还挺硬朗的啊……"她会有什么反应？很多时候会"诉苦"，会告诉你她腰腿痛，血压也高，睡眠不好……这时候你再告诉他要注意身体，他一定不会否认了，下面的话题也就好谈了。

会问比会说更重要，会问比会说境界更高，因为会问比会说更难。优秀的销售员，都具备访谈主持人的素质。

7. 不用客户说话，你也能看穿其内心秘密

几位客户一身休闲装扮走进了某餐厅，餐厅服务员小霞迎了上去："几位要不要尝尝海鲜呢？"客户频频点头。小霞就向他们介绍

餐厅一系列的海鲜菜肴，并详细地介绍了烹饪方法、风味特色、营养成分等。

在小霞推荐下，他们很顺利地点了几个海鲜大菜。

这时，小霞又说：“我们店里还有一些家常菜，要不要来几个？”

“好啊，太好了！”他们又点了几个家常菜，一顿饭吃的连连叫好，对小霞的推荐非常满意。

“你是怎么做到的？”同事问小霞。小霞笑了笑说：“看客户的装扮，他们是来旅游的。来到了我们这海滨城市，他们肯定要尝尝海鲜。客户中有老有小，他们很可能吃不惯海鲜。我就再给他们推荐几个家常菜。满足了所有人的需求，他们自然会满意了。”

著名心理学家弗洛伊德说：“任何人都无法保守他内心的秘密。即使他的嘴巴保持沉默，他的指尖却在喋喋不休，甚至他的每一根毛孔都会背叛他！”这是一句经典名言。其意思是说，人的心理总会通过各种各样形式表现出来，即使你不说话，也会从你的举止体态里面看出来。

销售的关键就在于了解客户的需求。很多时候，客户的需求不会主动告诉我们，而直接问客户的需求时，他们会产生抗拒而不是坦诚相告。此时就需要销售员有一定的观察能力。

（1）观察客户衣着打扮能力

观察客户的衣着打扮，并不是说让销售员当“势利眼”，以客户着装打扮的档次来决定是否要为客户提供良好服务，而是通过此项观察更好地为客户提供商品、更好地与客户沟通并提供服务。

具体技巧有以下几点：

①根据客户年龄判断需求。一般而言，年轻人比较注重时尚；中年人比较注重品质；老年人比较注重实用。

②根据客户的服饰判断需求。服饰能反映出客户的经济条件，即购买力，销售员观察客户的服饰，可以有针对性地向其介绍价位合理的产品和服务。

③根据客户的气质判断需求。通过客户的气质，我们可以大致判断出客户的身份是公务员、工人、农民、商人、学生，可以有选择地介绍适合他们身份的产品和服务。

④根据客户言行举止判断其需求。客户的举手投足能反映出他的性格偏好。了解这些，销售员才能以他们喜欢的方式与之接触，以赢得他们的好感。

（2）观察客户购买意向能力

在销售过程中，销售员通过可以观察客户的行为，判断其购买意向，然后有针对性地采取应对措施。

销售员需要迅速辨别客户的类型并采取相应的应对措施。

①有既定购买目的的客户。这类客户目光集中、脚步轻快、直奔产品，他们指明要购买某产品、购买目标明确，对产品的用途和方法也比较清楚，也许曾经使用过同类产品，也许是忠实客户。在所有客户中，这类客户所占比例较小。

这类客户的购买心理是速战速决，因此，销售员应抓住他临近柜台的瞬间马上接近，积极推介。动作要迅速准确，并尽快把产品给客户，以求迅速成交。

②目标不明确的客户。这类客户一看到销售员就会说："我只是随便看看，今天不一定买。"也就是说，在进店之前，他早就准

备好了怎样提问及回答。他会轻松地与营业员交谈。他们属于没有明确具体购买目标和目标模糊的客户，在全部客户中所占地比例较大。他们有时看起来好像很有主见，但一经销售员推介就会很容易改变主意。

一般来说，对付这类客户的难度最大，此时营业员的耐心就显得十分重要，如果你能坚持到最后，其成交的可能性较大。除了耐心之外，还需要较强的说服力来帮助其选购产品。虽然他们容易采取否定态度，但他们面对好的产品不会抵抗。因此，只要营业员说出能打动客户的购买原因，就可以成交。

③前来了解市场行情的客户。这类客户进店一般神情自若，随便环视产品，临柜也不急于提出购买要求。

面对这类客户，营业员应让其在轻松气氛下随意浏览，只有在他对某个产品发生兴趣，表露出中意的神情时才能接触，注意不能用眼睛老盯着他，以免使其产生紧张戒备，也不能过早地与其接触，以免惊扰他。在适当情况下，可主动热情地介绍和推介适合产品、新产品、畅销产品和特价产品。

④无意购买的客户。这类客户进店没有购买的意思，只是为了感受气氛，消磨时光，但也不排除他们会有冲动性购买行为或为以后购买而观看产品。这类客户有的谈笑风生，东瞧西看；有的犹犹豫豫，徘徊观望；还有的哪里热闹就往哪里去。

对这类客户不必急于接触，销售员应随时注意其动向，当他立定在关注某种产品时，就要热情接待。

⑤需要参谋的客户。这类客户进店后喜欢到处看，好像要提问或咨询什么似的，购物经验少，拿不定主意，愿意征求营业员的

意见。

对于这类客户，营业员要主动打招呼，并说："需要我帮忙吗?"得到客户认同后，大胆热情地谈出自己的看法，即使你的观点和他不一致，他也会因解释合理而感谢你。

⑥想自己挑选的客户。有的客户愿意自己一心一意地挑选产品，不愿让别人招呼。这类客户购买经验丰富，自信心强，轻易不接受别人的观点和意见，不愿与营业员过多地交谈。

对于这类客户，营业员应让其自由挑选，不必过多推介产品，只要适当留意就行了。

心理学家做过的实验表明，人们视线相互接触的时间，通常占交往时间的30%～60%。如果超过60%，表示彼此对对方的兴趣可能大于交谈的话题；低于30%，表明对对方本人或话题没有兴趣。视线接触的时间，除关系十分密切的人外，一般连续注视对方的时间在1～2秒钟内，这就需要销售员在观察客户时一定要把握好尺度，如果给客户留下"死盯着我瞧"或者"对我视而不见"的印象，都是不可取的。

8. 你要用80%的时间来听，20%的时间去说

就算是世界上最优秀的销售员，乔·吉拉德也曾经犯过错，甚至犯过你想象不到的错误。

有一次，乔·吉拉德花了半天工夫说服客户签单，就在回办公

室签合同的路上，客户闲聊中向他提起了一件事："乔，你知道吗？我女儿考进医学院了，她要当医生了！"

在美国，医生和律师最吃香。乔·吉拉德随口一说："是吗？那太好了！"

两个人继续闲聊时，乔·吉拉德却不停张望车行里的其他客户。

"乔，你知道吗？她是我一手带大的，当她很小的时候，我就知道她很聪明！"客户继续兴奋地说着。

"聪明的孩子大多从小就学习优秀。"乔·吉拉德依然张望着其他地方。

"对啊，对啊，她一直都是班上最棒的学生。"客户兴奋极了。

这时，乔·吉拉德接了一句："在她毕业后，那你打算干什么呢？"

兴奋的客户突然就冷了下来："我该走了。"

留下乔·吉拉德一个人站在那里尴尬不已。

这位客户和乔·吉拉德的关系一直处得不错，丢掉了实在可惜。于是，乔·吉拉德第二天就主动打电话问原因：是价格不合适，还是他说错什么话？

客户告诉乔·吉拉德："昨天你并没有用心听我说话，这让我很生气。我的孩子上的是医学院，她毕业后当然是做医生啊！我开心的是家族即将诞生一名医生，而你却只在乎你的其他客户。我可不愿意从一个不尊重我的人手里买车！"

这件事后，乔·吉拉德总结说："世界上有两种力量非常伟大，其一是倾听，其二是微笑。倾听，你倾听对方越久，对方就越愿意接近你。上帝为什么给了我们两个耳朵一张嘴，就是要让我们多听少说。”

事实上，优秀的销售员是用80%的时间来听而用20%的时间去说的。

为什么倾听如此重要呢？

首先，倾听能让客户自己说出看法、意见和顾虑，有助于了解客户，了解需求。

其次，倾听可以使客户感受到尊重和欣赏，客户会用感激和热情回报你的真诚。卡耐基曾说过：“专心听别人讲话的态度，是我们能够给予别人的最大赞美。”

再次，倾听有助于赢得主动。俗话说“言多必失”，说多了就有可能把自己不想说出去的秘密泄露出来。有经验的销售员面对客户时，常常先把自己的底牌藏起来，听客户说出自己的意图后，才根据情况出牌，这样的成功率更高一些。

总之，只有用心去“听”，才可以从客户的话语中找到感兴趣的部分，了解客户在“话里”和“话外”表达的问题与期望，真正“听懂”客户，同时让客户感受到你的重视与关怀，为销售奠定良好基础。

对每个人来说，倾听似乎简单易行，但真正能运用好技巧的人却是少之又少。

这是为什么呢？

专家统计结果显示，一个人的说话速度大致在每分钟120～180字之间，而人的大脑思维的反应速度却要快得多。所以在现实中你往往会遇到这种情况，很可能客户还没有将话说完，或者客户只是说出了其中几句话，而你就已知道了他的全部意思。这时，有些销售员就会犯以下错误：或者打断客户表示“我明白你的意思了”；或者虽然在听但思想放松下来了，会表现出一些心不在焉的下意识动作和神情；或者客户突然提出一些问题或请教你的见解时，答非所问或者应对不过来，让客户感到难堪和不快。

不仅如此，在销售中，正如大多数人类的互动一样，说话的原因（目的），是如何表达（语音语调），听上去的感觉（词语的选择），说话的时机（与接收者的心理活动相关），以及在话被说出来的时候看上去的感觉以及内心的感觉等，往往要比所说的话（内容）更为重要。这更增加了沟通的难度，也凸显了倾听的重要性。

销售员怎样才能更好地倾听对方说话呢？需要注意以下几点。

（1）不要打断客户的话。打断对方的讲话是交谈中的一个普遍存在的问题。如果你要这么做，你一定要看看对方的反应，通常这都是很不利的做法。打断对方的讲话意味着你对人家观点的轻视，或者表明你没有耐心听人家讲话。只有当需要对方就某一点进行澄清时，你才可以打断对方。

（2）不要让自己的思绪偏离。即使明白了客户要表达的意思，你还是要专注于客户的非言语表达行为，以求增强对其所讲内容的了解，力求领会客户的所有预想传达的信息。你必须做的另一件事情是要克制自己，避免精神涣散，不要东张西望，不要有揉鼻子、抠耳朵等小动作——这些不礼貌的小动作会让对方很反感而失去再说下去的欲望。

（3）谨慎反驳客户观点。客户在说话中可能有些观点有偏差，也可能不符合销售员的口味，但销售员要记住：客户永远都是上帝，他们很反感销售员直接批评或反驳其观点。如果客户的观点实在令人无法接受，销售员可以试着转移话题，引导客户谈论更能促进销售的话题。

（4）及时总结和归纳客户观点。我们可以抓住客户说话中的实质和主要观点，能够运用简短的语句鼓励、引导对方往下说，如采用提问、赞同、简短评论、复述对方话头、表示同意等方法，以避免出现冷场；对自己没听懂的话，可以适时询问。例如："我没理解错的话，您比较喜欢蓝色包装、价格属中高档的产品，对吗?"

这样做一方面可以向客户传达销售员一直在认真倾听的信息；另一方面，也有助于保证销售员没有误解或歪曲客户的意见，从而更有效地找到解决问题的方法。

9. 每个客户被说服的方式都不一样

美国罗思莱尔德风险公司前总经理A·麦吉尔提出这样一个论断：每一位客户都用他自己的方式看待服务，即"有千只舌头，就有千种口味"。这一论断被称为"麦吉尔定理"。

麦吉尔定律告诉我们"千人千面"。当销售员在面对客户时，每个客户跟每个客户的情况都不一样，如果销售员企图能一招鲜吃遍天，那现实肯定会给你一个沉重的打击。

美国著名销售大师凯比特说："每个人讲话的力量都是巨大的，它能把不可能变成可能，把不利变成有利。不同的人有不同的乐于接受方式，所以要想使自己被别人接受，达到推销自己的目的，就必须先了解对方乐于接受什么样的方式，针对他们的不同，采取不同的话术，研究并熟悉他们，努力扩大应对的范围，优化应对方法。”

在进行推销的过程中，推销员要仔细分析客户的类型，对于不同类型的客户，应该采用不同的方法。

从购买决策的角度来说，客户可以分为以下几大类：

（1）拖延型客户。这类客户的特点是能拖则拖，直到万不得已时才作决定。对于这种客户，销售员应该强调产品的重要性，唤起客户的购买意识，适当地进行“逼单”，让他们意识到机不可失，时不再来。

（2）当机立断型客户。这类客户看到能满足他们需求的产品，会立即做出购买决定，不会有过多的犹豫和比较。针对这类客户，销售员应该在平时和他们保持联系和良好关系，以使他们在一产生产品需求时，能第一个想到你。

（3）人情型客户。这类客户购买产品时习惯找熟人，找人情关系好的销售员。对于这类客户，销售在与他们保持良好关系的同时，最好能让客户欠你人情。

（4）主观型客户。这类客户的主观意识非常强，对产品往往有一定的了解，知道产品的质量或者价格等相关因素，也对销售员所推销的产品的竞争对手产品了解比较透彻。这种客户，销售员的最好沟通办法是认同该客户的某些看法，适当地恭维他，伺机提出自己的见解，以求和客户达成共识。

（5）比较型客户。这类客户喜欢不断地搜集信息，来决定应该购买什么产品和向谁购买。针对这类客户，销售员应该准备好充分的资料，尤其是竞争对手的资料，有理有据地说服客户。

（6）利益型客户。这类客户非常看重产品的背后利益。看重产品能否满足自己的需求，针对这类客户，销售员要将产品的性能和质量进行详细介绍，并不断强调产品确实能够满足客户的需求。

当面对客户时，销售员如果能判断出他是什么类型的客户，就可以针对他采取相应的措施。很多时候，一些看似难以沟通的客户，如果使用了恰当的方法，说不定会很容易被说服。

在实际工作中，很多销售员最怕的就是敌意型的客户，他们好像只会讲带有敌意的话，似乎他们说话的唯一乐趣就是挖苦他人、贬低他人、否定他人。对于这类客户，你最佳的应对方法是保持平常心，理解他们，然后根据他们的问题有理有据地进行解决。

联通宽带销售员小李在某小区进行宣传时，碰到了一个中年妇女气势汹汹地对他说："你们在小区里进行宣传是不合法的。"

对于这一质问，小李没说话，只是赔着笑。那位妇女接着说："你们联通的网络太慢啦！收费还那么高。"

等客户指明问题后，小李开始一一进行解答："我们的网络都是按照国家执行的标准划分，至于你说我们的网络慢，可能跟外界因素也有关系，比如说电脑的配置、外界环境的影响（电流、噪音等），客户如果有这种问题的话，我们可以上门帮着解决。另外，我们的资费在同行中是最便宜的了，不信我给你算算……"

听完小李不卑不亢的解答，那位妇女突然变得和善起来："是这样啊！那给我家装一下吧！我也听说了，你们的服务是最好的。"

这件事告诉我们，只要摸准了客户的脉，世界上就不再存在难以沟通的客户。每个客户被说服的方式都不一样，只要你应用了适合客户类型的正确沟通方法，再难缠的客户都能轻松搞定。销售员要明白，每个客户被说服的方式都不一样，没有不能被说服的客户，只有不了解客户的销售员，遇到客户难以搞定时，你要首先去了解客户，然后再想办法去说服客户。

10. 不是客户难缠，而是你准备不足

销售心理学认为，客户总是有两种需求，一种是能明确说出来的"有声的需求"，另一种是客户没说出来的"沉默的需求"。客户持有"有声的需求"时，很多销售员都能看到并能容易满足，但更多客户有着较难识别的"沉默的需求"——这类客户"难搞"，也是人数最多的群体。

无数销售成功案例告诉我们：如果你想把东西卖给某人，就应该尽自己所能去搜集关于他的有利于你销售的所有情报。无论你销售的是什么，如果你每天肯花一点时间来了解自己的客户，做好准备，铺平道路，那么就不愁销售不成功了。搞定难搞客户的最佳办法就是充分了解客户的信息、掌握有关他的详尽资料，这可以使你在销售中占据主动，顺利地展开销售工作，收到事半功倍的效果。

日本销售大师尾志准备去向外科医生本田销售百科全书。在拜访之前，尾志就听说本田特别难以沟通，很多同事在他那里吃了闭门羹。尾志多方打听，了解本田医生的情况。他得到了两个关键信息：本田医生的母亲在开澡堂，本田本人对蕨类植物很感兴趣。

一天，尾志敲开了本田医生的门。果然，本田的态度非常冷淡。尾志表明身份后，他就直接下了逐客令。这时，尾志说："我刚从您母亲的澡堂那里洗得干干净净才来，应该有资格和您谈谈吧?"本田医生一听，只得收回逐客令，答应给尾志10分钟时间，让他介绍自己的产品。

尾志手里拿的正是百科全书中专门有蕨类植物介绍的那本。他准确地翻到最精彩的那页，递给了本田。5分钟后，本田就对那本书爱不释手了。就这样，尾志成功拿到了本田的订单。

尾志的成功关键是什么呢?他提前对客户做了全面的了解，并对拿哪本书、翻开哪一页都提前做好了计划。有了这么周密的计划，并且计划的每一环节都直接针对本田的软肋，他自然就容易攻下"这块硬骨头"了。

一般来说，客户都有极强的自我保护心理。这种心理包含两层含义：一层是对自己的关心和保护；另一层是希望得到别人的重视。这就决定了掌握客户信息、找到客户"沉默的需求"并不是一件容易的事儿，这就需要销售员做好准备工作，做到知己知彼才能攻无不克。

一般来说，在拜访客户之前，销售员应该至少掌握以下几方面的信息：

(1) 姓名。人们对姓名非常敏感。如果销售员搞错了客户的姓名，会立刻给客户留下不尊重、不重视的印象。相反，如果销售员与客户见面时准确地称呼对方，尤其是在客户的姓名为偏僻字的时候，会增加对方对你的好感。

(2) 籍贯。知道了客户的籍贯，你就能大概推测出客户的口味、习惯、偏好等信息，这就增加了与客户聊天的题材。如果你与客户恰好是老乡，那么利用老乡关系来拉近与客户之间的距离效果会更好。

（3）学历和经历。了解客户的学历或经历将有助于你与其进行寒暄，使交谈气氛变得融洽。

（4）家庭背景。有孩子的客户与没有孩子的客户关注点肯定会有很大的区别。了解客户的家庭背景，投其所好，能让你更容易打动客户的心。

（5）兴趣爱好。人人都喜欢听到赞美的话，了解客户的兴趣爱好，并对其加以赞美，可以收到意想不到的效果。

对于销售员来说，充分掌握大量的、全面的客户信息是非常重要的。唯有如此，你才能够准确作出判断，才能够争取到自己的客户。当你对客户了如指掌，没见面就感觉像熟识多年的老朋友似的，你见到他的时候，一定会游刃有余，从而顺利地把“准客户”的那个“准”字去掉，让他变成你的真正客户。

掌握客户信息如此重要，可客户信息并不是轻松就能得到的，这需要发挥销售员“磨破嘴皮子、跑断脚杆子”的精神。

第三章

与客户“愉快聊天”，让其快速信任你

接近客户是开展销售工作的关键一步，它是销售员与客户从陌生到熟悉的过程，也是客户对产品从一无所知到知根知底的过程。

首因效应告诉我们，交往双方形成的第一次印象对今后交往关系有着重要的影响。接近客户的前30秒决定销售的成败。优秀的销售员与客户接近是从“未知的遭遇”开始的，需要打开客户心中“防卫的墙”，先让客户产生信任感，接着引起客户的注意，然后是引起客户的兴趣。与客户“愉快聊天”，掌握与客户接近的技巧，是每个销售员的必备技能。

1. 利用“问题”一步一步地靠近对方

问题接近法是销售中常用的一种方法，也叫问答接近法或讨论接近法，是指销售员利用提问方式或与客户讨论问题的方式接近客户的方法。在使用问题接近法过程中，销售员先提出一个问题，引起客户的注意和兴趣，然后根据其回答再提出其他一系列问题，引导他们朝着自己想要的方向思考，环环相扣，一步步达到销售目的。

某管理软件公司的销售员小敏到李总的公司拜访。她穿着得体大方，说话亲切有礼：“李总，我是××公司的小敏，很荣幸今天能看到您，想请教您几个问题？”

面对一个温和有礼的女士，拒绝的话，李总无论如何也说不出口，于是点了点头。小敏紧接着提问：“你们行业的不少公司向我们咨询如何做好库存管理和产品分类管理。您这块有什么好的经验吗？”

问题正好是李总经营中最熟悉的范围，答案当然是随口就来：“我们有专人负责仓库管理这块，产品分片、分区管理，进销库存数据每天更新。”说到这，李总忍不住抱怨了一句：“唯一的问题是，下面的人办事效率很低，我需要个什么报表，往往好几天才能统计出来，如果有人员流动或者调整时，那工作就更是一团糟，好几个月都理不顺……”

小敏接着问：“李总，您目前使用的是什么管理软件?”

李总：“我们这小公司用不到管理软件吧？我们一直采用的是人工记录。”

对于用不用得到管理软件这个问题，小敏没有回答，而是说：“我很多跟你规模差不多的客户也采用人工记录，只是没有您分配的那么细致、有条理。他们也曾经遇到过你说的这个效率低、人员调整影响正常工作的问题，不过，现在他们的这些问题都解决了，而且效率是几倍、几十倍地提升。”

小敏的语气真诚可信。李总忙问：“他们是怎么解决的?”

小敏回答：“他们使用了一种×××财务管理软件，不仅节省了人力，而且每天都能够了解产品的进、销、存情况，畅销产品、滞销产品比例、进出账情况，欠账、拖款情况也是一目了然。”

李总：“是吗？有这样的软件？哪里能买到?”

接下来，小敏详细地讲解了软件的情况，并顺便地促成了销售。

试想，如果小敏上来就对李总说：“我这有一款非常好，非常适用于您的产品，我来给您介绍介绍吧！”李总很可能没耐心听完她的介绍。退一步讲，李总听完了介绍，并且小敏的介绍非常精彩，恐怕也很难一下触动他的购买欲。

心理学中有一个飞轮效应，是指为了使静止的飞轮转动起来，一开始你必须使很大力气，一圈一圈反复地推，每转一圈都很费力，但每一圈的努力都不会白费，飞轮会转动得越来越快，达到某一临界点后，飞轮的重力和冲力会成为推动力的一部分，此时你无须再费更大的力气，飞轮依旧会快速转动，而且不停地转动。

万事开头难，通过巧妙的提问吸引客户的注意，完成从静止到运动的过度，再慢慢地使力，过了一个临界点，你就能轻松地达到销售目的。

在这个事例中，小敏说“想请教您几个问题”后，便抛出了几个与李总工作息息相关的问题，这就完成了从静止到运动的过度。中间，李总“有这样的软件”的疑问，就是一个临界点。它让小敏的角色从一个推销人员转变为一个帮助者。于是，后面的问题就简单多了。

问题接近法非常有效。不过，在使用问题接近法过程中，销售员一定要注意以下几个问题：

(1) 问题要能一针见血，切中要害，如果不着边际，只会越谈越远，使得交谈变得漫无目的。

(2) 问题表述必须简明扼要，抓住客户的关注点，最好能形象化、量化、直观生动，这样的问题才能抓住客户的关注点，引起客户的注意和兴趣。

(3) 问题应当是客户乐意回答和容易回答的，要避免有争议、伤感情和客户不愿意回答的问题，以免招致客户的反感。

问题接近法的提问方式又可分为开放式提问和封闭式提问两种。

开放式提问是指提出比较概括、广泛、范围较大的问题，给对方以充分自由发挥的余地。这样的提问比较宽松，不唐突，也常得体，但由于过于松散和自由，很可能让话题失控。

封闭式提问是指提出答案有唯一性，范围较小，有限制的问题，这样的提问，对方只可在可选的几个答案中进行选择，不至于跑题。不过，如果使用不当，会让对方感觉动机不良。采用封闭式提问考验着销售员的能力和经验，需要根据现场情况灵活掌握。

因此，在销售过程中，销售人员需不需要采用问题接近法，采用何种接近法，需要根据实际情况来定。

2. 你的赞美让客户“神不知鬼不觉臣服”

心理学中的焦点效应认为，人们总会高估周围人对自己外表和行为的关注度，会下意识地把自己看作一切的中心，往往会直觉地高估别人对自己的注意程度。

比如，看毕业照时，每个人都能在第一时间找到照片中的自己，并且会认为自己站的位置是非常重要的位置；在与亲朋好友聊天时，会有意无意地、自然而然地把话题转移到自己身上来。

焦点效应源于人渴望得到别人关注的心理需求。销售员抓住了客户的这种心理需求，就能成功地打开他们紧锁的心门。

有一次，某著名保险公司金牌销售员徐先生去拜访一家公司老总。这位老总对保险销售员很反感，坐在办公桌后面，边忙工作边应付。面对客户的敷衍，徐先生并没有气馁。寒暄之后，他抛出一个问题：“X 总，听说咱们公司的规模在行业内数一数二。我们的年龄差不多，您能告诉我您是如何做到这么成功的吗？”

徐先生很有诚意的语调和发自内心的求知渴望，让那位老总不好意思回绝。老总开始慢慢讲起了他的创业经历，很快便一发不可收拾，越说越起劲，一说就是三个小时。从始至终，徐先生都在认真地听着，只在关键节点上会提出一些引导性问题。

最后，那位老总讲到了公司现在的经营问题和难点。徐先生自告奋勇地说："我的几个客户也曾经有同样的问题，我来整理一份方案给你参考一下吧！"

就这样，徐先生结束了第一次的拜访。

随后，徐先生整整花了三天三夜时间，做了一个非常详尽的方案。那位老总拿到方案后，结合实际情况操作起来，效果非常好，这让他深深地感受到，徐先生并不是敷衍他，而是真心地为他考虑，于是把徐先生视为是真心朋友。最后，那位老板把公司所有员工的保险都交给了徐先生，还把自己的朋友介绍给了他。

案例中那位老总草根起家，白手创业，历尽艰辛，对自己来之不易的成功充满骄傲。徐先生"您是如何做到这么成功的"恭维话题，正切中了他的敏感点，打开了他的话匣，也消除了他的抵触情绪。

焦点效应告诉我们，不管在什么情况下，不管在什么样的场合中，每个人都希望自己能得到关注，每个人都觉得自己就是焦点。在与客户第一次接触中，销售员能灵活运用"焦点效应"，抓住客户自认为是焦点的心理，就能快速与客户建立起信任关系，相反，如果不考虑客户"渴望被重视"的"焦点心理"，很可能会遇到麻烦。

业务新手小王和业务主管刘经理一起拜访新客户赵总。赵总很客气地接待了他们。坐下还不到半分钟，急于求成的小王就迫不及待地开口谈起了此行的目的，然后详细地向赵总推荐自己公司的新产品。他一口气足足讲了半个小时，抑扬顿挫，有理有据。可赵总对他的回复却很冷淡而客套："小伙子口才不错，前途无量啊！你介绍的，我基本都了解了。我们商量一下，回头有需要的话，再和您联系。”

小王傻眼了，怎么感觉自己重拳全都打在棉花上了啊！走出赵总办公室后，刘经理批评他说：“像赵总这样的大老板，走到哪里都是焦点，都是权威，所有话都围绕着他来说的。你倒好，只顾着自己说话。他好几次想说话，都被你打断了。他心理肯定不舒服了。”

小王这才恍然大悟，原来问题出在他没给大人物谈“我”的机会，对方没有得到足够的重视，小王说得再好，再能为公司解决问题，再能为公司带来效益，都没有机会了。

对于陌生人，利用“焦点效应”实施赞美接近，非常安全，屡试不爽。当然，销售员在使用赞美接近法时，要注意把握几个原则：

（1）赞美的态度一定要真诚，虚假是赞美的大敌。虚情假意的赞美不仅不会拉近与客户的距离，还会让客户觉得销售员不真诚，反而会对产品品质和产品价格等产生一系列负面联想。

（2）赞美的方式要尽可能不动声色，让对方浑然不觉。当然，销售员本人能浑然不觉就最好了。只要销售员无意识、自己不觉得是在恭维，效果往往会更好。事实上，可不正是如此吗？你看，老实人赞美人时，永远让人信服，受之心里舒坦。而精明的人，要像老实人学习，赞美人的时候要显示自己老实的一面，这样的恭维才能深入人心。

（3）赞美的内容一定要具体化。笼统的赞美会让人觉得不真实，或者不能切中客户的软肋，而具体的赞美很可能会更让客户动心。比如，某将军在战场上攻无不克、战无不胜，受到万人敬仰，不过这位将军天性不喜欢与人亲近。军师甲找到这位将军，见面后，竖起大拇指称赞他：“你真是位了不起的军事家。”将军无动于衷，没有听他说完几句话，就离开了。军师乙找到这位将军。见面后，他也竖起大拇指称赞他：“将军，您的胡须可真美，简直能与美髯公相媲美。”将军听完，孩子般地笑了，拉着他坐在自己身边，当作自己的近臣。军师乙的成功就在于他的赞美具体化，而军师甲的赞美则太笼统，很难打动人心。

（4）适当贬低自己拔高客户。常见的话语有：“今天从您这学到了不少东西”“在您这长了不少见识”“以后遇到不懂的还得多向您请教”等。

（5）见好就收。太冗长的赞美，也许最开始客户觉得真诚，说太多就不好了。赞美人的目的是要对对方表示一种肯定和欣赏，让对方能从你的话中领会这些含义。然而，若是赞美过度，不仅起不到好的作用，反而更像“拍马屁”，引起对方反感。这就好比一个气球，似乎是把它吹得越大越好，但越大越不保险，说不准随时都有可能爆炸。与其让他爆炸，不如吹小点，让人感觉心里踏实。

赞美是一种艺术，也需要掌握技巧。销售员可以通过赞美去接近客户，但切记不能随意赞美，要掌握好赞美的技巧。

3. 借助熟人的力量去套近乎

在心理学中有一种称为羊群效应的现象。

有专家做实验：在一群羊前面横放一根木棍，第一只羊跳了过去，第二只、第三只也会跟着跳过去；把那根棍子撤走后，后面的羊走到这里，仍然像前面的羊一样，向上跳一下，尽管拦路的棍子已经不在了。

羊群效应也可以称为羊群心态，也就是一种从众心理。它指的是人们会追随大众所同意的，将自己的意见默认否定，且不会主观上思考事件的意义。在销售中，销售员也可以利用人们这种从众心理来促成交易。

保险销售员张丁了解到，他一直想开发的新客户王总有个朋友李经理恰好是自己的老客户。于是，他拨通了王总的电话："王总，您好，我叫张丁，是您的好友李经理的保险顾问！"

王总听到好友的名字，语气非常和善："哦，你好！请问有什么指教？"

张丁："李经理刚拜托我替他办了一项全家保障计划。他认为，您正好也需要这份计划，叫我一定要和您联络。"

好朋友肯定不会害自己的。王总对好朋友推荐的这个人还有这个保险的抵触情绪一开始就荡然无存："全家保障计划是什么呢？"

张丁接着说："是一种很特殊的全家保障保险。像李经理，他一个月只用5000多元，除了全家人都有了医疗保险、防癌保险、平安保险之外，他自己遭遇像受伤、生病等小事故时，在得到医疗给付的同时，还能享有住院津贴等其他福利。详细情况，我明天去拜访你，当面给你介绍，你看可以吗？"

王总："好吧，那你明天上午10点过来吧！"

在中国现有社会氛围中，对于陌生人的推销电话，大部分人都会非常抵触。而对于客户王总来说，因为存在从众心理，认定朋友选择的项目肯定是不错的项目，朋友认可的人肯定是可以信任的人。张丁以客户最熟悉的朋友为切入口，成功打破了王总的抵触情绪，迅速拉近了两人的距离。

“××都买了，我也买”，套近乎接近法能激发客户这种心理。销售员善加利用，就可以有效减轻客户对风险的担心，从而促成交易。

套近乎接近法是非常有效的方法。在销售中，通过他人帮助接近客户的成功率高达60%以上。在实际操作中，销售员可以通过他人的电话、名片、信函、便条或者直接介绍等形式接近新客户——这种方法的可信任度最高，但条件不具备的时候，也可以通过透露部分他人的信息来获得新客户的认可。

采用套近乎接近法可以快速接近客户，可以增强客户的信心，顺便成交。不过，为保证取得良好的效果，销售员在采用这种方法时，必须要做到以下几点：

（1）保证产品的品质是必要前提。利用他人接近客户只是一个手段而已，销售最终还是要以产品品质赢得客户，而如果客户购买产品后发现品质不过关，或者与销售员介绍的情况大相径庭，那么他不会再上第二次当，并且还会影响销售员在之前老客户心目中的印象。

（2）借势的人一定要有一定的影响力。利用他人接近客户，这个“他人”一定尽可能选择那些新客户特别熟悉的、比较具有影响力的、自身有一定说服力的人，否则，客户的从众心理很难被激发出来，甚至有时很可能会起到反效果。比如，如果销售员选择的“他人”是一个口碑特别差的人，那么新客户就会想：“物以群分，人以类聚，眼前的这位肯定跟我那说话不算数的老朋友一样，是一个不靠谱的人。”

（3）他人购买情况必须实事求是。销售员如果编造了老客户的购买情况，因为老客户与新客户非常熟悉，很可能就会被揭穿，进而影响到客户对销售员及产品的整体印象，损害了其诚信度，那就得不偿失了，因此，销售员必须实事求是地去引导和说服客户，否则就是自砸招牌。

（4）套近乎接近法也要因人而异。现在社会上越来越多的人标新立异，追求与众不同，对于这类人来说，别人都买的东西，他反而要避而远之，所以，在利用客户的从众心理时我们要首先摸清客户的偏好，以免弄巧成拙。

4. 借助共同爱好成为对方的“圈内人”

杰弗里·吉特默曾说：“如果你找到了与潜在客户的共同点，他们就会喜欢你、信任你，并且购买你的产品。”

在人与人交往中，与自己没有共同语言的人谈话，我们会感到别扭、烦闷。在推销中更是一样。销售员面对的大部分都是陌生客户，交流本身就存在一定的障碍，如果再没有共同语言，没有一个对方感兴趣的话题，交流起来更是难上加难。人们更愿意与容易相处的人做生意，尤其是与客户初次见面，找到恰当的切入点，能够很快消除彼此的紧张感和陌生感，快速拉近距离。

共同的主题容易让双方产生共鸣。当你的行为或者话题让客户感慨不已，给客户留下“知己”的印象时，销售也就成功了一半。

那么，如何找到与客户的共同爱好呢？

仔细留心的话，你会发现，人与人之间都会存在某些共同点，例如共同的生活环境、共同的工作性质、共同的兴趣爱好、共同的生活习惯、甚至某些共同的生理特征——头发稀少等，这需要销售员充分发挥想象力，积极找到与客户之间的相似点。

为了准确抓住客户的兴趣点，销售员一定要在拜访客户前做好准备工作，需要对客户的工作、职位、兴趣爱好以及家庭状况等等有个大致的了解。另外，在拜访客户的过程中，销售员还要学会察言观色，边谈话边观察，包括客户的办公桌，着装以及一举一动、一笑一颦。其实，只要留意观察就不难发现对方与你在某一问题有相同的观点，或在某一方面有共同的爱好和兴趣，或有某一类共同都关心的事情。比如，看到客户阳台上有很多花，就可以问“你对养花很感兴趣啊，这个品种的兰花很少见啊！”

有些时候，与客户的共同爱好很难找到，这就需要销售员能用心创造出共同爱好来。

“这个帽子是限量的，你居然也有，真巧！”当张总看到与自己戴着同样帽子的销售员李铁时，很惊讶地上前搭话。

“是吗！英雄所见略同啊！我很喜欢这个帽子的设计！”李铁表现很惊喜，“您是第一次来这家网球馆吗？真有眼光，这家是当地最好的网球俱乐部！”

“哈哈！我在这儿运动已经3年了！”张总对李铁一见如故。

“真遗憾，之前没有见过您！”李铁笑着说，“既然今天这么有缘，不如一起打一场吧？”

说着，李铁向网球馆走去。张总正愁没有对手，当然很乐意与他一战。一来二去，他越战越兴奋，“真是棋逢对手！”

很快，两个人就像老朋友一样，勾肩搭背、无话不谈了。

一个小时后，李铁突然说：“大哥，对不起，我今天还有工作，必须走了！”

“你做什么工作啊？”张总显然还没有尽兴！

李铁回答：“我是一名保险推销员，这个月的业务量还没有完成，恐怕这段时间见不到您了！”

张总连忙说，“这样吧！咱们这么有缘，我买你一份保险！不过咱们得继续较量一下，看谁厉害！”

“好！那我奉陪到底！”

就这样，李铁成功地签下了一个大客户。

同款帽子，共同的爱好，巧合的相遇，这些迅速拉近了两人的距离。只不过，世上没有全然的巧合，事实上早在两个月之前，李铁就多方面打听张总的兴趣爱好，并为此苦练了两个月网球、加入了张总最喜欢的网球俱乐部，成为它们的会员。“时机”成熟了，这才开始“行动”的。

心理学上有一个熟悉定律，人们会对自己熟悉的事物产生偏好的倾向，也就是说人们会比较容易对跟自己认识的人长得像或者性格像的人产生亲近感（比起那些相对不像的人）。在销售领域，销售员可以利用这个心理现象，通过共同的兴趣爱好，拉近距离，引起共鸣。

值得注意的是，创造共同的兴趣爱好，一定要做到自然并且滴水不漏，避免让对方产生被“尾随”的感觉，如果对方有了“别有用心”的怀疑，那你的努力只会适得其反。这就需要找到共同爱好的关键点后，销售员需要对这个关键点产生兴趣，甚至比客户要进行更深入的了解。因为与客户的沟通过程必须是互动的，销售员接不上话只会自打嘴巴。

因此，销售员在平时应该多培养一些兴趣，多积累一些各方面的知识，至少应该培养一些比较符合大众口味的兴趣，比如体育运动、当下比较流行的娱乐等。

5. 穿越岁月去寻找与客户的共鸣点

过去总会给我们留下美好的回忆，不管是辉煌还是落魄，在回忆过去的过程中，我们总会感到一分成就感。这是人之常情。由此，在接近客户时，销售员不妨与之大谈过去，过去待过的地方，过去做过的事情，再加上一点说话技巧，很快就会与客户成为“朋友”。

比如，初次见面，销售员可以问对方是哪里人。当对方说出自己的家乡后，如果你去过，就应该赶紧接话：“那个地方我去过，风景很好，人很淳朴……”如果没去过，你就可以说：“我在电视里看过那个地方，风景很好，人很淳朴……”如果你既没去过，也没在电视上看过，那你小时候在地理课上学过或者听人说起过吧？所以，你还是有话可说：“我听说过那个地方，风景很好，人很淳朴……”

有一次，老张在饭馆吃饭，顺口问了一句服务员：“小伙子是哪里人呀？”

服务员说：“我是湖南的。”

老张马上用湖南腔感叹说：“哦，那是毛主席的家乡，伟人的诞生地哦……”

不标准的湖南发音逗得满屋子哈哈一笑。接着，老张继续说：“我去过衡阳……”

服务员听了很高兴，站在他旁边不走了，原来那是从小长大的城市。所以，当老张吸烟需要个打火机时，小伙子一下子送他两个，最后结账时还打了折扣。

故乡、曾经生活或者战斗过的地方，最容易让对方与你产生共鸣。这是对方对你产生好感最直接的、最好的方式。

在销售过程中，如果你发现对方合作意愿不强，对你的话语不感兴趣，一个简单的方法就是尽可能引导对方“穿越”回到过去。如果客户过去很贫困、落魄，跟现在有很大的差异，你就可以接着大谈“改变命运”的奇迹；如果客户的过去很荣耀、风光，你所做的就更简单了，倾听他大谈过去的光荣历史。当双方就过去展开和谐的对话时，客户的戒心就放下了。

资深销售员强尼前往底特律说服供货商准时交货。

“你知道吗？在底特律，有您这个姓名的，只有您一个人。”强尼走进供货商办公室之后，开门见山地说。

“是吗？我并不知道。”供货商很吃惊。

“是的，”强尼说，“今天早上，我下了飞机之后，就查阅电话簿找你的地址，在底特律的电话簿上，这个姓只有您一人。”

“我一直不知道呢!”供货商说着，就饶有兴趣地开始查阅电话簿。

“您的家族一定是一个有传奇故事的家族吧?”强尼问。

“是的，”供货商放下电话簿，开始侃侃而谈，“我们家族从挪威移居美国的，差不多有200年了，一开始……”

半天，供货商沉醉在记忆的长河里，津津有味地叙说他的家族及祖先。很快，吃饭时间到了，那位供货商坚持请强尼吃中饭。

吃完中饭，供货商主动说:“强尼，我们谈谈正事吧!你是我们家族的见证人，你的要求我一定会满足的。你可以带着我的保证回去，我保证你们所有的材料都将如期运到，即使其他的生意都会因此延误也不在乎。”

对于那些新认识的人，尤其是客户，应当尽量避免恭维与人品、性格有关的方面，因为显得你太爱拍马屁，保险的做法是可以将目标转移到客户的过去。对于年长的人，可能谈点带历史色彩的东西比较容易引起共鸣；对于比较年轻的客户来说，引导他们谈论大学时期的生活是非常不错的选择，能够做出一番成就的人在大学期间必然也是有过风光的时候。

金诚策划公司想争取一个品牌商的传播案，而其竞争对手是行业内数一数二的4A公司，对于金诚策划公司这样的小公司来说，这样几乎没有胜算的可能。谢云很倒霉地接下了这个难啃的任务。

在去拜访客户的路上，谢云一直在想怎么才能说服对方，结果一路都百思不得其解。就在客户公司楼前，谢云灵机一动。她想起上次见对方业务经理的时候，经理曾说自己毕业于某大学，而这个学校也是谢云所毕业的学校。

于是，在见客户之前，谢云打了两个电话，一个打给业务经理的秘书，一个打给当年话剧社的一个同学，然后信心满满地挂了电话。

在向业务经理介绍完金诚策划公司的优势之后，谢云“无意”中背出一段台词，让对面的业务经理非常惊异：“你怎么会知道这句台词?”

“哦，这是我上大学的时候，从话剧社表演的一个话剧里听来的，听说是一个前辈写的，我个人很喜欢。”

“很高兴你喜欢，其实这个剧本是我写的。”

“真的吗？真是太意外了，原来我们是校友。”

谢云马上报出了学校的名字，还补充说：“你当初写的这个剧本真是太好了，话剧社每年都会表演，我每次都去看，就把其中最喜欢的一段背下来了。”

“我自己也很喜欢这一段。”谢云的话勾起了业务经理对大学时代的回忆。他向谢云回忆着那时候自己创作的过程。

事实上，谢云并不记得这段台词。她从秘书处得到了一个信息：业务经理在大学期间是话剧社的骨干，不仅是编剧，还是演员之一。而这段台词是找当年在话剧社的同学问来的。没有想到，这一句台词居然为自己赢来了合作机会。

在这个案例中，谢云成功运用了穿越接近法，让对方沉浸在对过去的美好回忆中，从而得到心理满足，对她产生了好感。

需要提醒的是，以“过去”为引子接近客户，也是有风险的。在运用这个方法之前，要对客户有基本的判定，这是一个愿意提起过去的人，如果相反，就要闭口不提，因为很多人不愿意联想起过去的生活。如果你判断不清楚，可以试着问一些安全性的“穿越”问题，以此来判断他对过去是不是敏感。记住，千万不能犯哪壶不开提哪壶的致命错误。

6. 先解除其戒备，再接近客户

很多时候，同一件事，换一种说法，就会带给对方完全不同的感受。

心理学上有一个概念叫刻板印象，主要是指人们对某个事物或物体形成的一种固定看法，并把这种看法推而广之，认为这个事物或者物体都具有该特征，而忽视了个体差异。因为刻板印象的存在，在销售中，很多人对陌生人的推销都有非常强烈的抵触情绪，如果换一种说法，比如向客户提供某方面的帮助，向客户介绍某产品的功能，很可能就会收到完全不同的效果。

托德敲开了一家陌生人的门：“您好，我是某某保险公司的业务员。”

门里的中年人立刻要关门：“哦，是推销保险的，我要买保险的话，会跟你们联系。”

托德说：“您误会了，我的工作任务是宣传保险，我可以义务为您介绍一些保险知识，这样你想买保险的话，就不会无从下手了。”

“原来是这样，那请进来吧！”

就这样，托德向客户迈进了第一步。

在接下来的交谈中，他向客户详细介绍了有关保险的知识，并将自己公司的情况、参加保险的利益以及买保险的手续巧妙地穿插在介绍中。

最后，托德一边递上名片，一边说："今天就给你介绍到这，以后你还有什么不明白的地方，可以随时和我联系。"

直到告辞，托德都没有提过一句"你应该买这个保险""你应该从我这买保险"类似的话题。第二天，客户便主动给托德打电话，要求他根据自身的情况设计一份保险投保方案。

如同大部分人一样，故事中的中年客户对"推销"本身都怀有戒心。对于陌生人的推销，他们会有一种"这小子想从我的口袋里抢钱"的感觉。如果销售员直接对客户进行洗脑、说教、诱导的话，成功的机会非常小。而避开"推销"这一敏感话题，以"义务宣传员"的身份接近客户，只字不提推销的事，能使客户放松戒备，让客户在不知不觉中主动掏腰包。

心理学上有一个概念，叫确认偏误（Confirmation bias）。它指的是人们会倾向于寻找能支持自己观点的证据，对支持自己观点的信息更加关注，或者把已有的信息往能支持自己观点的方向解释，而忽视否认或反对自己观点的信息的现象。

当人们认定"陌生销售员是来骗我钱的，销售员是怀有不良动机的"时，他们就会找到无数个理由证明自己的观点。这就是相当于每个人都有自己的认知孤岛，如果他的思维陷于那个可怕的"禁闭岛"的时候，正面的游说是不起作用的，这时需要做的就是引导他离开这座孤岛。而销售员引导客户摆脱对陌生人抵触情绪的最好办法，就是强调自己的动机与"买卖无关"、与"钱"无关。

在实际工作中，销售员可以通过以下方法接近客户，巧妙绕开“买卖”这一敏感话题，消除客户的戒备：

1. 销售员利用市场调查的机会接近客户，比如环保工程企业，可以进行一项居民环保意识调查，健康保健企业，可以进行居民健康状况调查，这种接近法，可以促进客户对销售员所推销产品的了解与熟悉，却不会遭到强烈的抵触。

2. 销售员可以利用提供服务的方式接近客户，比如，一个皮鞋制造企业推销员可以通过免费的皮鞋维修服务的方式接近客户，这种接近法可让销售员准确把握客户的需求，另外，他与客户的接近就简单多了。

3. 销售员可以通过馈赠小礼品的方式接近客户，比如，饮料推销员可以以公司宣传员的身份赠送饮料给客户，客户受人赠品，一般都会待人亲善，后面的推销工作就很容易展开了。

4. 销售员可以通过聊天的方式接近客户，销售员可以与客户闲聊些生活中的话题，这种方式很容易使交易双方彼此感情接近，待到双方建立起融洽的气氛之后，再谈推销的产品，对方就不至于太过抵触了。

7. 制造个意外，瞬间吸引客户关注

《孙子兵法》上说：“凡战者，以正合，以奇胜。故善出奇者，无穷如天地，不竭如江河。”这句话是说，打仗都是以正兵交战，

以奇兵制胜。善于用奇者，他的计谋便如天地万物般无穷无尽，似江河湖海般长流不息。

同样的道理适用于销售中。在接近客户时，销售员如果能出奇、出新，打破对方的语境期待，带给他不一样的感受，他就会进入你的语言轨道，轻易地接受你的推销。

迈克曾创造了无往而不利的销售奇迹。他是如何做到的呢？当他敲开陌生人的家门，如果看见开门的是年轻妇女，他便会故意装出一副惊慌失措的样子，用饱含歉意的口吻说："真对不起，小姐，我是一家儿童玩具的推销员。我本来是想找一家有小孩的，没想到打搅您了。"听到这话，女主人很不解地说："我就有孩子啊！"这时，迈克会一脸惊诧的样子，上下打量对方一番，才用惊奇的语调说："啊！真不敢相信，您是这么年轻、漂亮！请原谅，我真的没想到您已经有了孩子。"说到这里，绝大多数妈妈都会翘起嘴角、面露笑容。迈克后面的推销也就变得很顺利了。

心理学专家调查显示，人在任何情况下听到与自己现在不相关的话题或者信息时，会有 2 秒钟的时间去关注这个信息或者话题。销售员如果能把握住这 2 秒钟时间，通过出人意料的话语，把人的兴趣吸引过来，就取得了一半的成功了。

心理学家指出，人最容易为新鲜事物所吸引。销售员采用了一种异乎寻常的方式与人接近，自然收到了意想不到的效果，不仅成功的推销了自己，也顺利达成了自己的目的。

专家指出，21 世纪是眼球经济的时代，眼球经济也就是注意力经济，即通过引起受众的注意来创造经济效益。销售员在接近客户时，可以充分利用"眼球效应"，用各种可能的手段和方法把对方的目光吸引过来，引起人们的注意，要知道，注意力就是经济效益。

那么，在实际工作中，销售员应该如何保证自己的开场白能让人耳目一新，进而能吸引人、抓住人、打动人呢？可以从以下几个方面入手：

（1）观点要出新。观点是语言的灵魂，销售员如果能够提出新颖而富有吸引力的观点，一定会让客户眼前一亮。比如，一名健康顾问这样对客户说："喝水多不仅不能排毒，还能中毒。"客户无论多匆忙，一定会停下脚步听他解释一下，因为这个观点是新颖的，并且是跟自己息息相关的。

（2）老话可以新说。在销售中，创新虽然好用，却并不容易，有时采取旧瓶装新酒的方法就会带给人耳目一新的感觉。比如，一位保险销售员，一进门就对客户说："您好，上帝！我今天专程来拜访您，就是想知道您是怎么看待保险的，您可以简单地说说您的想法吗？"客户显得很惊讶："你叫我什么，上帝？"销售员："呵呵，客户都是我们的上帝，您是我们的客户，自然也就是上帝了。我可是特意来拜访上帝的，您总不能让我失望而归吧？"说罢，销售员笑了，客户也笑了。由于销售员的友好和独特的方法，谈话得以顺利进行。

（3）破旧然后立新。对于大家都认可的旧观点，如果销售员能在否定的角度提出新的观点，就能带给听众语出惊人、震撼人心的特殊效果。比如，马云在会见孙正义时，上来就提出"我不需要钱"，当然马云处于创业初期，他对资金是非常渴求的，他偏偏咬定不需要钱，并且能给出自己的理由，自然就能起到振聋发聩的效果。

8. 利用好奇心，让客户主动对你感兴趣

如今，茅台酒是中国名酒，全世界都很出名，但在新中国成立前，茅台拿出国门去参加国际博览会时，因为包装装潢不漂亮，乏人问津。

随着博览会结束的日期越来越近，眼瞅着就要两手空空而归时，一位中国官员忽然灵机一动，装作没拿稳，把一瓶茅台掉在地上，摔得粉碎。顿时，酒香四溢。

是什么东西能发出浓郁的香气呢？整个博览会的到场人员都震惊了。他们闻着酒味来到了茅台的展台。接着，中国官员开始请到场的人尝饮。喝过的人都禁不住竖起了大拇指。于是，现场就签订了一份份订单。

最终，茅台后来者居上，获得了这届博览会金奖，一下子在全世界出了名。

茅台凭借什么打开了无人问津的窘境？通过勾起客户的好奇心。

在生活中，我们都有这样的体验：很多时候，当别人送我们礼物时，我们最兴奋的不是那个礼物本身，而是打开礼物包装盒的那几秒钟——包装盒里到底是什么？这个疑问，让我们的兴奋到了极点。

同样的道理适用于销售过程中，谁能引起客户的好奇，谁的销售就已经成功了一半。

利用客户的好奇心接近客户，引导客户的注意和兴趣，进而达到销售的目的，是一种非常有效的方法。这种方法的表现形式非常多样。在中国古代街头杂耍中，卖大力丸的会表演一番胸口碎大石，卖刀的会先舞一番刀，这些都是吊起客户好奇心的最佳途径。在现代销售中，此方法仍有重要的利用价值。例如，某一油漆厂商在活动现场，在众多媒体面前，当面“喝下”自家的产品。这场生动形象、直观的展示，胜过销售员绘声绘色的描述，会使客户获得一个直觉印象。

有“花招先生”之称的乔·格兰德尔是20世纪60年代美国成功的销售员。在拜访客户时，他总会通过各种各样精心设计的悬念和稀奇古怪的花招引起客户的好奇，让客户安静地、饶有兴致地听他讲话。

有一次，乔·格兰德尔敲开客户的办公室门，以非常坚定的眼神看着客户，并把一个蛋形计时器放在桌子上，说：“尊敬的先生，请您给我3分钟时间，3分钟一过，如果您不让我继续讲下去，我保证马上离开。”

很多客户对他的蛋形计时器和他言行中的一本正经很惊奇：反正就3分钟，他会怎么玩转这3分钟呢？在这种复杂心理下，他们都会爽快地答应：“那你说吧！”

此刻，乔·格兰德尔便会提出一个足以吊起人胃口的话题：“××先生，您知道世界上什么东西最懒吗？”

客户的反应大多是迷茫、不解。他们会尝试着说出几个答案，当然会被一一否定。这样他们的好奇心更重：“你的问题很有意思，这让我很好奇，到底是什么最懒呢？”

这时，乔·格兰德尔会看一看桌上的计时器。而客户会很配合地告诉他："不要管计时器了，你今天一定要给我一个满意的答案。"

随后，乔·格兰德尔才给出了答案："就是您存在银行不动的钱。其实，它们是可以勤快起来的，比如可以帮助您购买空调。这样，您就可以度过一个清凉的夏天了，您说呢?"

心理学中有个齐加尼克效应。它源于法国心理学家齐加尼克做的一次实验。

齐加尼克将受试者分成两组，分别去完成20项工作。其间，他对其中一组进行干预，使他们的工作不能顺利完成，而让另一组毫无阻碍，顺利完成全部工作。尽管所有受试者接受任务时都非常紧张，但顺利完成任务者紧张状态随之消失，而未能完成任务者，思绪总是被那些任务困扰，紧张状态持续存在。受这种效应的影响，如果一件事或者一句话听到一半突然终止，人们往往会念念不忘，并且坐立难安，直到将整个事完成，心才会放下来。

乔·格兰德尔就是成功地运用了齐加尼克效应。他先是巧妙地唤起了客户的好奇心，客户会变被动为主动，要求他推介完自己的产品才算罢休。在销售时，我们在必要时也可以学学乔·格兰德尔，利用客户的好奇心去接近他们，从而达成成交的目的。

不过，销售员要注意的是，在激发客户的好奇心时，销售人员吸引客户关注的点子最好是能与所推销的业务相关，这样问题的解答过程也就是推销的开展过程，后面的推销工作会非常容易开展。另外，由于每个客户的文化水平、经历背景不同，爱好兴趣也不尽相同，每个客户对新奇的事物的认知也不同，一个人认为新奇的事物，另一人可能认为毫无新意，这就需要销售员能多多了解客户，才不至于弄巧成拙。

9. 施展关怀，让对方无法拒绝你的善意

英国管理方面大师克拉特巴克最早提出了一个客户关怀理念。他认为：客户关怀是服务质量标准化的基本方式，它涵盖了公司经营的各个方面，从产品或服务设计到它如何包装、交付和服务。目前，客户关怀计划在不少大公司中都得到了广泛应用。不过，不少公司对客户关怀的重点都在于维系老客户上。事实上，客户的关怀也可以是销售员的一个有力工具，用在销售之前与客户的接触过程中同样会收到良好的效果。

杨柳是一家保健品公司的销售员。有一天，她在一个目标小区的花园里看见一位孕妇和一位老妇人坐在小河边的长椅上，便假装不经意地问旁边正在遛弯的人："那好像是一对母女吧？她们长得可真像。"

那人回答："就是一对母女，女儿马上就要生了，母亲从老家来照顾她……"

了解了基本情况后，杨柳走到那对母女身边，亲切地对孕妇说："外面有点凉，在椅子上坐的时间太长了对身体不好。"

"谢谢，谢谢！"母女俩对杨柳的提醒都非常感激。

杨柳继续说："现在可能没什么感觉，等到以后会感觉不舒

服的。”

旁边的老妇人很是同意她的观点：“对啊，现在的年轻人都不太讲究这些。我们这些当妈的说了半天都不管用。”

接下来，杨柳跟母女俩聊起来怀孕和生产后的注意事项，老辈人跟现在年轻人的不同讲究。母女俩对这个话题都非常感兴趣。进一步的，杨柳讲到生产后身体恢复需要补充多种营养，再讲到老年人到了一定年纪仅仅靠饮食是不能补充到足够营养的。很自然的，母女俩接过了杨柳手里的产品资料和样品，请她介绍各类产品的功能……

试想，如果杨柳上来就道明来意——我是推销保健品的，那母女俩肯定会像躲避过街老鼠一样能有多远躲多远。销售员这样接近客户，注定要失败。

在上述事例中，杨柳从关心客户入手，逐渐找到对方感兴趣的话题，然后从对方的实际需求入手，一步步地引出自己销售的产品。而在客户的心目中，杨柳销售的东西恰是他们最需要的，对他的介绍当然就非常欢迎了。

好话题能使销售员与客户的初次交流无比顺畅。销售员与人交流，有了好话题就可以谈话自如。因此，销售员必须学会“没话找话的本领”，寻找双方感兴趣的有展开探讨余地的话题。而关心关怀客户的身体、关怀其生活是没话找话的最好途径——它让客户无法拒绝，并能迅速找到双方的共同语言，轻松让客户对你销售的产品产生共鸣。

一位销售新型洗衣服的销售员推开客户的门时，就对门内的中年妇女说：“您的手是不是因为洗衣服变得越来越粗糙了？”

这时的中年妇女正在因为洗衣服洗久了，手上火烧火燎的难受呢！对主动送上门来的良计佳策怎能不动心呢？

销售员继续说："你想知道一种能快速去污又不伤手而且价格公道的洗衣粉吗？"

听到这，中年妇女就会一脸期待地将销售员迎进门。

客户消费心理的根本是能够解决自己的烦恼，为自己的工作和生活带来利益，而销售员以客户关怀为出发点的销售，就一定能得到客户的欢迎，并最终能有效引导消费。

对陌生客户的关怀，我们以客户的重大事件或者社会重要事件为契机，比如，客户的庆典、酬宾、开业典礼、产品上市周年活动、客户的同学会、客户所在学校的校庆、社会的各种节日与节日活动等，都是接近客户的最好时机与素材。

对陌生客户的关怀，我们还可以通过走近客户的社会交际圈来实现。比如，客户加入了某社会团体，销售员也加入这一团体；比如，客户去外地旅游，销售员正好出现在外地；比如在车站、在商场、在农贸市场、在飞机上碰到客户等，都是接近客户、关怀客户的最好机会。

10. 利用求利心理去接近客户

物美价廉是客户对商品亘古不变的追求，也是客户寻求自身利益的关键所在。在实际的销售工作中，有时候，客户出于掩饰求利心理的考虑，或者不了解情况，又不愿主动地问这方面的问题，结果便妨碍了对产品所能提供利益的认识。在这种情况下，利益接近法就变得非常有效——它能帮助销售员突出销售重点，达到接近客户的目的。

所谓利益接近法就是销售员抓住客户追求利益的心理，利用所推销的产品或服务能给客户带来的利益、实惠、好处，引起客户的注意和兴趣，进而转入面谈的接近方法。

从现代推销原理来讲，利益接近法是一种最有效、最省力接近客户的方法。它迎合了大多数客户的求利心态，突出了销售重点和产品优势，有助于很快达到接近客户目的。客户购买商品的目的是想通过商品使用价值的实现而从中获得某种利益，而企业的销售更是直接以盈利为目的，它符合商业交易互利互惠的基本原则。

另外，当销售员指明利益的时候，一类客户会留下来继续听销售员的讲解，另一类客户会掉头走开。通常，留下的客户都是购买意向非常强烈的潜在客户。销售员用这种方法刷选客户的准确度很高。这是它的另一大优势。

使用利益接近法时，销售员在见面之初就直接向潜在客户说明情况并提出问题。在通常情况下，你只需要简单地提出一个问题或简单地阐明一个观点，就能将客户的思想引到可能为他提供的好处上。

一个冰淇淋原料销售员向一位冷饮店经理推销时，首先提出这样一个问题："您愿不愿意每销售一加仑冰淇淋就节省 40% 的成本?"

对于冷饮店经理来说，减少了投入就是增加了利润。他肯定很想听听到底是怎么回事。通过这样的开场，销售员可以第一时间赢得客户的关注。接下来，销售员就可以详细介绍他的配料如何能降低成本，如何增加口感。因为销售员所提供的产品利益恰是客户正需要的。通过销售员详细介绍之后，双方往往就能很顺利地达成交易。

因为所有客户的购买目的都是解决问题或者获得某种利益。利益接近法的根本就是要围绕客户的利益点进行设计的。这是销售员使用此方法的重点，也是难点。

在通常情况下，只有一种或两种购买刺激特别能影响购买决策。销售员必须对这种购买刺激明确地做出界定，并且无论如何要将这种刺激付诸实施。

值得注意的是，客户的身份相同，他们对购买刺激的敏感点却很可能不同。这就需要我们要认真观察、抓住重点。

使用利益接近法时，销售员要着重把商品给客户带来的利益放在第一位，首先直接表达出来，从而使客户产生兴趣。这符合客户消费中的求利心理。不过，这种方法的核心是点明产品能带给客户的利益，这对产品提出了很高的要求。一方面，产品自身必须要具有一定的吸引力，能引起客户的注意和兴趣，如果产品毫无特色、毫无魅力，纵使销售员想破脑袋，也很难想到打动客户的利益点。另一方面，产品本身要能经得起客户的反复检验，能对客户做无声的介绍，如果产品的品质和性能禁不住客户的检验，不仅会影响成交，还会影响销售员在客户心目中的诚信形象——销售员说得越多，说得越好，客户的印象就会越差。

第四章

挠准拒绝者的“痒处”，攻破其心理防线

被拒绝是销售员随时随地都会碰到的推销窘境。对很多销售员来说，被拒绝是一件非常沮丧的事情，它意味着自己为成交而准备的大量前期工作将付诸东流，前功尽弃。

事实上，客户的拒绝是一种本能的“反射”作用。客户的拒绝并不可怕，它是销售的开始，是成交的信号。对客户的疑虑，销售员要通过恰当的技巧助客户一臂之力，给他更多的认识，使他做出正确的判断。

1. 巧妙设问，打消客户心理定势带来的抵触

有一个农夫丢失了一把斧头，怀疑是邻居的儿子偷盗，于是观察他走路的样子，脸上的表情，感到言行举止就像偷斧头的贼。后来农夫找到了丢失的斧头，他再看邻居的儿子，竟觉得言行举止中没有一点偷斧头的模样了。

这则故事形象描述了心理学中的定势效应。

所谓心理定势，是指人们在认知活动中习惯用“老眼光”——已有的知识经验来看待当前问题的一种心理反应倾向，也叫心理定势或心向。

很多时候，客户对新产品充满本能式的抵触心理，不是因为产品本身不好，而只是源自客户本身的经验主义造成的心理定势。当他们自己思维固化，在产品稍微与期待不一样时，就会有情绪。这时，销售员只有先打消他们的负面情绪，才能言其他。

当销售员明明知道客户的拒绝源自他们自身的心理定势问题，明明知道对方拒绝的可能性很大，却还得达成销售任务时，巧妙设问，利用人在和谐氛围下无法轻易拒绝心理，帮助他们走出因为偏见带来的情绪误区，才是明智的选择。

有一次，美国电机销售员约翰逊到一家公司做“二次营销”。

本来，这家客户已经买过他家的产品。约翰逊以为推销几款新式电动机是十拿九稳的事，不曾想，刚踏进客户的大门，就迎来逐客令：“约翰逊，你又来推销你那些破烂机器了吧？请死了你那颗心！我们是再也不会买你家的烂货了。”对方负责采购的工程师语气非常不友好。

约翰逊赶紧赔不是，仔细打听了事件原因。原来，那个工程师发现约翰逊家的电动机太烫手，认为质量太差。公司产品被客户嫌弃，这对于销售员来说，是一件不可避免的事件。

对于约翰逊来说，他清楚地知道，自己家的产品没有问题，那个工程师只是太自信自己的经验，陷入了“自以为是”的负面情绪当中。当对方“断定”自家产品存在质量缺陷时，如果约翰逊硬碰硬地与对方辩论电机的质量如何好，肯定于事无补。

正如富兰克林所言：“如果你辨认、争强或者反对，你有的时候可能获得了胜利；但是这种胜利是空洞的，因为你再也得不到对方的好感了。”

让我们来分析一下，如果此时约翰逊凭借自己对产品知识的熟悉，硬碰硬解释，会带来的后果：

1. 正在气头上的客户会嫌他王婆卖瓜自卖自夸，根本听不进去，连理都不再理他；

2. 有心理定势的客户也可能因此觉得约翰逊当众拆自己的台，毕竟做了几十年的工程师，“行家一出手便知有没有”，如果约翰逊立即否定他，会让他觉得很没有面子，从而更加上火；

3. 约翰逊如果急于解释，也很容易落下推卸责任的坏印象，上升到对他整个人都印象不好，那以后就再无合作的可能。

聪明的约翰逊，在冷静思考之后，决定采用改解释为设问的战术：

“好吧，乔治先生！我完全同意你的立场。假设电机发热过高，别说新买的，就是旧的，也得退货，你说对吧？”

“对。”

“当然，任何电机工作时都会有一定程度的发热，只是发热不应超过全国电工协会所规定的标准，你说对吧？”

“对。”

“按国家技术标准，电机的温度可比室内温度高出42℃，是这样的吧？”

“是的。可是你们的电机温度比这高出许多，喏，昨天差点把我的手都烫伤了！”

“请稍等一下。请问你们车间里的温度是多少？”

“大约24℃。”

“车间是24℃，加上应有的42℃的升温，共计66℃左右。请问，如果你把手放进66℃的水里会不会被烫伤呢？”

“呃，是完全可能的。”

“那么，您现在还觉得烫手=质量差吗？”

“呃，确实是我太武断了。”

“您放心，我们的电动机绝对没有问题。”

接着，约翰逊才开始侃侃而谈自家电动机的产品知识，以科学的知识来佐证产品质量不存在任何问题，也告诉对方在使用过程中如何避免温度过高的问题。结果，约翰逊做成了这笔买卖——客户一下子进了3台新式电动机。

约翰逊成功说服了原本情绪恼火、意见很大的客户。他的成功在于利用了人们心理上微妙的变化，在不断地提问中，使对方明白了自己的错误判断，从而做成了这笔买卖。

人总喜欢听那些顺耳的话。当他因为心理定势而处在负面情绪时，你不能立即给他讲道理、辩论，你当下要做的是先安抚他。

客户是上帝，对于销售员来说，这话永远是天理。永远不要期望和客户对着干。当他们对产品有抵触心理，你需要做的就是如何巧妙地消除他的负面情绪，让他们走出思维孤岛，通过巧妙设问，从对方的立场出发，为他分析出事情的利弊，营造轻松的环境，对方便会认可你的逻辑，主动地按照你的思路走下去，从而达到你的销售目的。

2. 钝刀刺人，搞定油盐不进的客户

几乎所有销售员，都会遇到固执偏见的客户——你说什么他都油盐不进。面对这种客户，在进行说服时，销售员千万不要急于求成，而要耐心地采用循序渐进、步步蚕食的技巧，来逐步说服他们。

有一个心理学家，远近驰名。他成功治疗了很多承受着失恋的痛苦女性。他是如何做到的呢？他在与女性患者聊天时，总是先聊些大众化的问题，慢慢地解除对方的陌生心理。大约20分钟后，这些女性都会在心理学家的谈话技巧之下放松警惕，把平时说不出口的失恋故事告诉他。针对那些问题，心理学家就会有针对性地提出

解决方案，最终都能成功地安抚他们受伤的心。

在说服别人时，问题上来就触及核心部分，会给对方带来不必要的压力，并引发对方的抵触情绪。心理学家告诉我们，遇到十分固执的人时，千万不能怕啰唆，先聊一些与实质性问题较远的其他话题，比如娱乐节目、电影、工作内容、家庭成员、将来的梦想等——这些问题无关痛痒、相对比较容易回答，且能逐渐拉近双方心理的距离。这样层层铺垫、步步深入地引导对方后，你再一步步切入实质性问题。

让固执客户接受推销，从某种角度上说，就是销售员一个引导客户心理渐变的过程。此时，销售员不能倡导简单、粗暴，而应该运用循序渐进的说服技巧——这更符合心理学的逻辑规律。

某电气公司销售员迈克尔到一个乡村去推销电。他敲开了当地一个富户的家门。开门的是一位老妇人。她一开门见到是电气公司的销售员，二话不说就猛然把门关上了。迈克尔鼓起勇气再次叫门，老妇人勉强将门开了一条缝。

迈克尔说："很抱歉，打扰您了。我知道您对电不感兴趣，所以这一次登门并不是来向您推销的，而是来向您买些鸡蛋。"老妇人一听，把门开大了一点，探出头，用半信半疑的目光望着迈克尔。

迈克尔接着说："我看见您喂的明尼克鸡很漂亮，想买一打新鲜的鸡蛋带回城。"

接着，他充满诚意地说："我买的白皮蛋，做的蛋糕不好看，我老婆嘱咐我来买些红皮蛋。"

听到这里，老妇人的顾虑基本完全打消了。她从门里走出来，态度温和了许多，和迈克尔聊起来了。在闲聊中，迈克尔指着院子里的牛棚，说："老太太，我敢打赌，您养的鸡肯定比您丈夫养的牛赚钱多。"

老妇人一听，脸上笑开了花。长期以来，她一直这样认为，可她的丈夫从不承认这个事实。迈克尔的一番话让她有找到知己的感觉。她高兴地引领着迈克尔参观鸡舍，并介绍她的养鸡经验。

迈克尔一边参观，一边赞扬着老妇人细心。他看似随意地提了一句："这鸡舍，好是好，但是，如果能用电灯照射，鸡的产蛋量肯定还会增多的。"

这时，老妇人对推销电似乎不那么反感。她反过来询问迈克尔用电是否合算。迈克尔一一进行了解答。

两个星期后，迈克尔在公司收到了老妇人交来的用电申请书。

迈克尔之所以能说服固执的老妇人，诀窍在于他不急于求成，采用幅度从小到大，招招紧跟的逻辑，一步一步具体而又细致地为她剖析情势，为其出谋划策，这就一步一步地拉近了双方的心理距离，使老妇人的态度一点一点地发生改变。就这样，迈克尔一步一步慢慢逼近了预定目标，最终取得了成功。

在行为心理学中有一个著名的南风法则：

北风和南风比威力，看谁能把行人身上的大衣脱掉。北风首先来，它吹起凛冽的冷风，几乎要吹跑行人的衣服，可随着它越吹，行人越是把大衣裹得紧紧的。南风则徐徐吹动，顿时风和日丽，行人越走越觉得热，就解开了纽扣，接着脱掉了大衣，南风获得了胜利。

在南风与北风的比试中，温柔和温暖的力量胜于强劲和冷酷的力量。一个人越是企图太明显、太用力、太急于求成，反而越是不能称心如意。反倒是不急不缓，在适当的缓冲中，带给人舒服感受，能让对方在不知不觉中被征服。

在销售过程中，采用循序渐进的方式步步推进，其实就是一种心理战。要知道，心理战的较量绝不可能一蹴而就，因为冲动的人往往会失去理智，这样很容易让对方抓住把柄，一旦有了突破口，相持不下的战局就会发生倾斜。在销售过程中，销售员一定要时时保持冷静，耐心地找出对方的破绽并加以反击，同时筛选有利于自己的事实依据，把话题引向有利于自己的一方。

3. 投其所好，让客户瞬间“变脸”

心理学中有个投其所好定律，指的是每个人都有自己不同的兴趣爱好，如果能够尊重对方的喜好，我们就会轻易赢得对方认同或者喜爱。对销售员来说，投其所好是向客户发起的最有效的心理进攻，它能轻易打消对方内心的抗拒情绪，让其做出积极的响应——当对方滔滔不绝地打开话匣子时，接下来的签单也就水到渠成了。

有一次，央视主持人白岩松去采访一位知名学者，老学者正卧于病榻，满脸的不耐烦，对采访并不热心。按照采访提纲问下去，老学者肯定会一两句的应付完了事，怎么办呢？白岩松脑子一转，有了计策。他放弃了关于学者学术研究的相关话题，转而提出了一个完全不相关的话题：“听说您年轻时很优秀啊！”这个话题一提出，老学者脸上立刻焕发出了别样的光芒，年轻时候的美好记忆一下子涌了上来。他开始兴致勃勃地谈自己之前的经历，竟一口气谈了好几个小时。就这样，白岩松顺利地完成了采访计划。

白岩松巧妙地提及了对方的一段美好人生经历，这轻松地打消了对方的负面情绪，引起了对方的浓厚兴趣，出奇制胜地达到了采访目的。

同样的道理也适用于销售中。投其所好是接近那些难以接近客户的最好办法。人们总是很高兴别人了解自己、认可自己。通过谈论对方感兴趣的话题，对方高兴了，便很容易与你形成互动。比如，“听说，你与比尔·盖茨见过一面，他对你的理念非常认可。当时的情况是怎样的?”“你毕业于××大学，期间是学校的风云人物，对吗?”面对这样的问题，谁会舍得闭上嘴呢?

在一次心理学课堂上，老师在黑板上写下“womanwithouther-manisnothing”，让学生给这句话加标点。在没有经过任何讨论的情况下，大部分男生给出的答案是：“Woman，without her man，is nothing。”（女人，如果没了男人，什么也不是。）大部分女生给出的答案是：“Woman，Without her，man is nothing。”（女人，没有她，男人什么也不是。）

这个小实验告诉我们，在思考问题时，人们会习惯性地站在自己的角度，以最利于自己的，让自己最舒服的角度切入。

在销售中，巧妙地“肯定对方”，让对方能有机会侃侃而谈，必定会让他心情愉悦，放松警惕，这样他就更容易接受你的推销。

投其所好用得好，能引人注意，诱人思考，把谈话内容变得更加吸引人，那么，作为销售员，怎样对客户投其所好呢?

首先，要做到真心地赞美客户。每个人心里都希望自己被别人肯定，都希望听到别人赞美自己。赞美对方是投其所好的最佳途径。记住一条心理学定律：人们喜欢喜欢他们的人，讨厌讨厌他们的人。

美国图书推销高手博恩·崔西曾经说："通过善用恭维，我能让任何人买我的图书。"

一天，博恩·崔西到某公司推销图书。某个员工选了很多书，正要准备付钱时，忽然进来一个人，大声说："这些跟垃圾似的书到处都有，要它干什么？"博恩·崔西正准备向那个露一个笑脸时，那个人又一句话冲了过来："你别给我推销，也别对我笑！我最受不了你们这些推销员笑里藏刀、口蜜腹剑的作风。我肯定不会要，我保证不会要！"

面对这种断然拒绝，博恩·崔西不卑不亢。他微笑着，不紧不慢地说："嗯，您说得很对。您怎么会要这些书呢？明眼人一下子都能看得出来，您是读了很多书的，很有文化素养，很有气质的。要是您有弟弟或者妹妹，他们一定会以您为荣为傲，一定会很尊重您的。"

"你怎么知道我有弟弟妹妹的？"那个人有点兴趣了。

博恩·崔西笑着说："当我看到您时，您给我的感觉就有一种大哥的风范。我想，谁要是有您这样的哥哥，谁就是上帝最眷顾的人！"

接下来，那个人以大哥教导小弟的语气说话，博恩·崔西像对大哥那样尊敬地赞美着，两人聊了十多分钟。最后，那个人以"支持博恩·崔西这位兄弟工作"为由，为他亲弟弟选购了5套书。

其次，一定要抓住客户感兴趣的话题，谈论他们在乎的人和事物，例如小孩、宠物、花卉、书画、运动、嗜好等。只有找到了客户感兴趣的话题，销售员才能投其所好地与他们交谈下去，不然肯定遭受他们的逐客令。

有一对美国夫妇结婚超过了10年，却一直都没有孩子。为了消除膝下无子的烦恼，老妇人养了几只宠物狗。

老妇人每天在家伺候那些宠物狗。有一天，丈夫下班回来后，她生气地说："今天有个推销吸尘器的销售员实在太讨厌了，对我们的狗充满嫌弃。我本来想买他的吸尘器，见他的态度实在讨厌，就没有买。"

过了几天，老妇人又变脸了："今天来了个汽车销售员，我好喜欢啊！你不是要换一辆雪佛莱吗？我已经约好他周日带合同来洽谈。"

丈夫很生气地说："我是说过要换一辆车，但没想好换什么车啊！你怎么这样喜欢自作主张呢？"

老妇人便对他详细地讲了当天的事。

原来，当天上门拜访老妇人的销售员看到老妇人爱狗如子，就大加赞赏她的狗毛色好，品种纯正，也讲了自己养的杜宾犬。两人聊了一上午。老妇人如获知音。

周日，销售员依约而至。他和老先生也大谈特谈"狗事"。三个人其乐融融。优柔寡断的老先生最后"当机立断"，买下了他推销的汽车。

此外，记住客户的"名言"，也是一种投其所好的好方法。现在，微博微信火爆，深受欢迎，有一个重要的原因就是它们满足了人爱炫耀的心理。如果销售员是有心人，在和客户闲谈中，在和客户开会过程中，在和客户会餐时，在刷微博微信时，就会发现客户自鸣得意的“名言”，可以把它记下来。当客户拒绝你时，如果你时不时来一句“你前几天在朋友圈说过……我觉得很有哲理性，说得太好了”，客户肯定会因为受到重视而情绪改变的。因为，记住客户的“名言”，会让他（她）觉得你是一个在乎他（她）、关心他（她）的人，原本的抵触情绪就可能因为被点燃的虚荣心而消失。

人都是有虚荣心的，只是有些表现的不明显而已，销售员如果能够通过各种渠道预先了解客户的详细情况，包括兴趣爱好、职业习惯、工作情况等，找到隐藏在其中的虚荣心，就能在对方拒绝的时候反败为胜。

4. 投射效应，让客户觉得你是自己人

1860 年，林肯参与美国总统竞选。他的对手是大富翁道格拉斯。道格拉斯租了一辆豪华富丽的竞选列车，沿路宣传演讲，拉选票。他自以为肯定能打败林肯。他对手下不可一世地说：“我要让林肯这个乡巴佬闻闻我的贵族气味。”

与道格拉斯截然相反的是，林肯乘坐的是朋友为他准备的耕田用的马车。他沿街发表竞选演说：“有人写信问我有多少财产。我有一个妻子和三个儿子，他们都是无价之宝。此外，还租有一个办公室，室内有办公桌子一张，椅子三把，墙角还有一个大书架，架

上的书值得每个人一读。我本人既穷又瘦，脸蛋很长，不会发福。我实在没有什么可以依靠的，唯一可依靠的就是你们。”

结果，林肯在选举中胜出，顺利当选为美国总统。他是如何战胜大富翁道格拉斯的呢?

对当时的美国来说，与富裕阶层相比，贫困阶层占了绝大多数。对于这一庞大群体来说，乘着耕田用马车，既穷又瘦的林肯是他们“自己人”，他们相信“自己人”会为他们谋利，自然会乐意将选票交到林肯手中，而不是一个高高在上、脑满肠肥的富翁手里。

一位心理大师曾说，人们往往错误地以为自己生活的四周是透明的玻璃，自己能看清外面的世界。事实上，我们每个人的周围都是一面巨大的镜子，镜子反射着我们生命的内在历程、价值观、自我的需要。

心理学上有一个“投射效应”。所谓“投射”是一个人将内在生命中的价值观与情感好恶影射到外在世界的人、事、物上的心理现象。在投射效应下，人们在日常生活中常常不自觉地把自己的心理特征（如个性、好恶、欲望、观念、情绪等）归属到别人身上，认为别人也具有同样的特征，如自己喜欢说谎，就认为别人也总是在骗自己；自己自我感觉良好，就认为别人也都认为自己很出色……

对于销售员来说，如果能保持与客户思维的同步，让他相信你的想法、你的行动与他的想法相一致，他就会更容易接受你、进而接受你推销的产品。正因为如此，一个优秀的销售员会使自己的声调、音量、节奏与客户相称，甚至连身体姿势、呼吸等也无意识地与客户一致。

在堪萨斯州立大学，研究人员做了一项实验，让 13 位男子挤在一个模拟空间并相处 10 天。在这期间，研究人员不断评估他们对彼此的感情。研究发现，彼此之间有许多共同点的人会相处得很好，而那些在兴趣、习惯等方面存在很大差异的参与者恨不得把对方扔出屋外。

“物以类聚，人以群分”，人们都会下意识地喜欢和自己相类似的人。人们在年龄、经历、学历、籍贯、社会地位、经济收入、兴趣爱好、态度价值观等方面相似点越多，沟通起来越容易，越获得支持，越容易达成共识。在销售过程中，如果能找出你和对方的相似点，从相似点出发去影响对方，也很容易赢得对方的认可，并顺利成单。

小李是某酒厂的新任区域经理。该区域有一个知名酒店，生意很好，可公司产品一直没打进去。一番了解后，他得到了这样的信息：该酒店老板是一个脾气执拗的人，很难说话，对销售员的态度很差，之前有几个接洽的销售员都吃了闭门羹。

就此放弃吗？小李不甘心。第二天一大早，他就到该酒店拜访。

进门时，老板正在与客户商谈，小李就没有搭话。他随意在旁边转了转，发现店中间有一张象棋桌子，上边摆着棋子。店里没有其他人，很显然老板喜欢下象棋，店里客人来之前，他自己在这琢磨呢！小李顿时茅塞顿开，机会终于来了……

小李在棋桌前站定了。过了一会，老板送走了客人，过来跟他打招呼。小李刚介绍完自己，店老板就拒绝了。小李耐心地笑了笑，说：“老板，咱们今天不谈合作。我看到你这棋盘棋瘾犯了，一看您就是一个象棋高手，正好今天没事，咱们杀两局，怎么样？”

酒店老板一听要下棋，顿时满脸含笑："行啊，正愁没对手呢！"

一来二往，两人连杀三局，一胜一负一合，不分高下。这时，小李电话响了。他就借故离开了，两人约好明天继续。

第二天，到了昨天小李拜访的点儿，小李还没出现，酒店老板忍不住，翻出了小李的名片，给他打电话："小李呀，我们昨天不是约好今天继续下棋的吗？怎么还没来?!"

在电话里面，小李满嘴无奈地说："哎呀，不好意思啊，这不月底了吗，任务压力大啊，我这50箱的货还没着落呢！下次吧，有机会我再去您那儿!"

酒店老板一听，立即问："你卖的是什么酒？要不，你马上拉两箱到我这里吧！我帮你解决。我在店里等你了!"说完，就挂了电话。

就这样，小李成功将自家的酒打入了这家酒店。

面对陌生人的推销，酒店老板的抵触心理非常强，而面对有共同爱好的销售员，原本是抵触关系的两人很快变成了朋友，成了"自己人"。老板接受了小李，也就很自然地接受了他的产品。

心理学家哈斯说："一个造酒厂的老板可以告诉你为什么一种啤酒比另一种好，但你的朋友，不管是知识渊博的，还是学识疏浅的，都可能对你选择哪一种啤酒具有更大的影响。"在销售中，如果销售员想要对方相信你是对的，并按照你的意见行事，那就首先需要对方喜欢你，否则，你的尝试就会失败。要想使对方喜欢你，最好的办法就是要同对方保持"一致"的关系，要让对方把你视为"自己人"，当你成为"自己人"时，你的话就非常有说服力了。

5. 多看效应，使客户越来越喜欢你

2016 年 3 月 17 日，罗振宇主持召开了 Papi 酱广告招标沟通会，引起了新媒体界的轰动。到会的品牌广告主有着清晰的门槛：注册资本 3000 万元以上；非白酒、P2P、保健品等企业；入场门票标价 8000 元。而这次沟通会仅仅是一次拍卖沟通会，真正的招标要等到 4 月 21 日，各品牌厂商们的经济账是怎么算的呢？有业内专家指出：对于品牌厂商来说，8000 元换一次在“高端圈子”里曝光的机会很划算，所以在这次沟通会上，有一个奇怪的现象：在沟通会最后的提问环节，站起来提问题的都是品牌厂商，他们默契的都在提问前先详细地介绍自己的公司名称、业务范围、竞争优势，为自己公司做个广告。因为，他们很清楚：最大的曝光就是最好的营销。

心理学上有一种曝光效应，又叫多看效应、暴露效应、接触效应，它指的是人们有喜欢、亲近熟悉的人的倾向。

在日常生活中，我们经常会有这样的体验：第一次见面，我们可能会觉得某人很难看，可在见过很多面，熟悉了之后，会逐渐觉得他并不难看，有时甚至会觉得他在某些方面很有魅力。

20 世纪 60 年代，心理学家查荣茨做过这样一个试验：先向被试者出示一些照片，有的照片出现了 20 多次，有的出现了 10 多次，有的只出现一两次，然后请被试者评价对照片的喜爱程度。结果发现，被试者更喜欢那些出现次数多的照片，也就是说，看的次数会

增加喜欢程度。

正所谓：“日亲日近，日疏日远。”因为多看效应的存在，人们会对越熟悉的东西越喜欢。因此，在销售过程中，销售员在客户面前保持着充分的曝光、充分的沟通，彼此间的陌生感、疏离感就会慢慢消失，而随着彼此间越来越熟悉，客户对你的喜欢程度就会越来越大。

保险推销员原一平有“日本推销之神”之称。他曾创造了用3年8个月对一个客户登门拜访71次才最终推销成功的案例。

原一平了解到一家公司总经理很顽固，业内很多人上门推销都遭到了拒绝，决定挑战一下。原一平登门拜访时，一位面目慈祥的老人打开了门。原一平猜测一定是总经理的父亲。因为这位老人在听完原一平的介绍后，就彬彬有礼地说：“总经理不在家，请改日再来。”

“请您告诉我，他一般什么时候在家呢？”

“公司事多，这可没准儿。”对方回答。

原一平还想打探总经理的一些个人问题，但老人都以“不太清楚”为由推托了。

就这样，在接下来的三年多里，原一平拜访总经理扑空了70次。

一个意外的机会，原一平从一个客户那里得知那位拒绝他的老人竟然就是让他扑了70次空的总经理。

愤怒不已的原一平第71次敲开了门：“您好，我是明治保险公司的原一平，请问总经理现在在家吗？”

“唉，真不凑巧，他刚刚出门了。”对方还是一贯的口吻。

原一平有点生气了："没想到，你这么一大把年纪了，撒起谎来竟然可以面不改色！我知道你就是总经理。你买不起保险完全可以光明正大地拒绝，为什么要戏耍我呢？是在考验我的耐性吗？"

对方回答："你只是说你找总经理，又没有说你是来推销保险的。你说了的话，我自然会明确拒绝你。"

原一平故意讥讽他："如果我第一天就知道你是总经理，我才不会用3年零8个月的宝贵时间来向一个土已经埋到脖子的人来推销保险！再者，明治保险公司若是有你这么瘦弱的客户，可能早就倒闭了。"

对方一听急了："什么，你竟敢如此轻视我！我难道连投保的资格都没有吗？你马上带我去体检，我要让你知道我完全有资格投保！"

原一平看到自己的话已经激起了这个顽固不化的老头子的斗志，感觉目的已经达到，心中一阵窃喜。他开始卖起了关子："哼，我才不为你一个人枉费心机呢！如果你们全家和全公司都投保的话，我还可以考虑考虑！"

"哼，全家就全家，我们明天就去！"

最后，总经理因为身体原因，不能投保，但他推荐了全家和全公司的人购买了原一平的保险。

很明显，这个总经理本身对保险有强烈的抵触情绪。最后，他接受了原一平的推销，原因肯定不是受了原一平的激将法这么简单。仔细分析，我们会发现，与其说是他接受了原一平的推销，不如说是他接受了原一平这个人，在与原一平历时3年8个月71次接触中，他对原一平已经非常熟悉，并萌生了好感，不然也不会有后来他主动推荐家人和公司职工的举动。

这就是多看效应的妙处——它能在不知不觉间增强人际间的吸引。销售员要善用这种效应，对非常顽固的客户，常出现在他面前就是一个简单有效的好方法，锲而不舍地沟通下去，不断提高自己在对方心中的熟悉度。这样做，对方对你喜欢的程度会慢慢地增加，进而接受你。

值得强调的是，多看效应发挥作用的前提是你给人的第一印象还不差，否则见面越多就越讨人厌，会适得其反。

6. 虚心请教，利用对方好为人师心理

客户形形色色、五花八门，最让人头疼的是傲慢型客户。有时，看着他那个鼻孔朝天、爱理不理的样子，看着他不仅拒绝你还连带鄙视了你的表情，销售员就会特别难受，深感受挫折。

生气归生气，但这样的人，销售员还不得不伺候，因为越是傲慢的人，似乎消费能力越高，一旦销售员咬牙坚持拿下来，一般都能成为大客户。

要想拿下傲慢型客户，销售员得先把握他们冷漠背后的心理特征。

一般来讲，傲慢型客户有典型的矛盾心理：

一方面，他们喜欢贬低别人抬高自己，通常以看不起别人、比别人高等来来抬高自己，获得情感和心理上的满足。他们对自己的

某些优点其实很在乎，希望引起他人的注意，渴望别人给予很高的评价。

另一方面，他们自我保护意识很强，善于隐藏自己的缺点，不愿意别人看清和谈论自己的缺点，害怕自己受伤害，不得不用冷漠方式进行自我保护，达到不让人靠近的目的。

在接触傲慢型客户过程中，销售员要始终保持谦虚谨慎，说话必须时刻注意，多说客户的优点，不要谈论其缺点。当然，说话谨慎是远远不够的，是无法换取这类客户信赖的。

对付傲慢型客户的一个秘诀是，利用其好为人师的心理。“好为人师”是中国人的一种性格特质。有一个有趣的说法是：改革开放之前，大家都是一个革命战壕的同志；改革开放之后，老板和老师立马多了起来。时下，“老师”极为流行，但凡有点儿小名头的人，都喜欢别人叫他“老师”。傲慢型客户，多是这种类型的人。他们内心深处，希望别人称他为“老师”，给他教导别人的机会。

小张是一家暖气材料制造公司的销售员。在他负责的区域内，有一个暖气材料经销商李总的业务做得非常好。可是，李总是一个不太和善的人，对陌生销售员尤其反感。小张多次拜访都吃了闭门羹，双方一直没能达成合作。

这天，小张又一次敲响了李总的办公室门。小张刚一露面，李总就咆哮着说：“我们手里的产品已经够多了，不需要再增加了，你不要浪费彼此的时间了！”

小张没有被他的咆哮吓走，而是摆出一副虚心求教的样子。

“李总，我知道你在当地生意圈是这个”小张边说边竖起大拇指，“今天我不是来推销东西的，是想跟前辈请教一个问题。”

小张看李总没有打断他的话，便继续说：“我们公司想在东南边开一家新工厂，我们初来乍到，不了解当地市场情况，你能不能给个建议呢?”

“哦”，李总虽然没有说太多话，但很明显，他的注意力已经被吸引了。

小张顺势坐了下来，简单介绍了公司开拓当地市场的计划。李总很痛快地针对他的计划提出了几条建议，比如，具体地理位置、储备材料方案、加工制造特色等。

接着，李总又讲到了他在这个行业摸爬滚打的经历，后来，又讲到了他自己如何平衡工作和生活问题，最后，话题转到了私人话题上——两人就孩子教育、夫妻关系处理交换了彼此的意见。

两个小时后，小张离开了张总的办公室。口袋里装着双方的合作合同和写着两人私下进行家庭约会时间和地址的便条。

李总在当地市场做得很好，说明他并不是一个难以接近的人——他只是对陌生销售员有本能的抵触。通过“虚心请教”，小张把两人的关系从推销与被推销的关系转化成“商界前辈”与“市场新手”的关系，而后一种关系成功地消除了其戒心，更容易打动他。

不难看出，无论对方有着多高的成就，脾气是多么的古怪，很多时候，只要你虚心地讨教一番，作毕恭毕敬状，他便会耐心地向你传授其中一二奥秘。傲慢的人都很享受居高临下的感觉，作为普通人，没有太高的权力和太大的名声，怎么才能形成“居高临下”的优势？好为人师。销售员要懂得人的这种心理，在应对这类客户时，一定要想方设法给对方“当老师”的机会，让对方无法拒绝你接近。

7. 空鸟笼效应，让客户掉入逻辑陷阱

经常做美容的女性朋友，会对美容师推销其美容产品的说话艺术印象深刻。在客户享受美容服务过程中，美容师会冷不丁地称赞客户皮肤好，让客户内心高兴起来，然后及时来个转折，提出客户皮肤的不足之处，也就是需要保养的地方。此时，客户面对事实，也不得不承认。

话说到这里后，美容师会主动表示可以提供一款产品给客户体验，帮助客户解决皮肤不足之处带来的问题。例如，美容师会说："没事，待会儿，我用 A 牌的爽肤水给你擦擦，你会感觉好很多的！"

等客户对美容师有点心存感激之后，有点心动之后，美容师再继续称赞客户皮肤其他方面的优点，例如"你的皮肤很白呀！"，然后又进行转折，指出其不足，例如"可就是没有什么血色，白中带黄。你可能太累了吧！"

此时，客户会不由自主地承认自己皮肤不好是因为累了，毕竟没有一个人乐意接受自己先天不好－－天上皮肤就是那个揍性。

美容师顺势回到她刚才推销的那款产品上来，说那款产品正好能去黄补血气，特别适合客户，并向其推荐，例如"A 产品专门去黄补血气的，特别适合你的皮肤。要不要带一瓶呢？"

如同量身订制一样，如同及时雨一样，客户此时当然忍不住要买了，当然迫不及待地问多少钱了。

于是，水到渠成的，在愉快地交谈之中，美容师成功推销出一款产品，搞定了一单了。

接下来，事情会怎样发展呢？为了让自己的皮肤变得完美，变得无可挑剔，大部分女性朋友会选择购买美容师推荐的 A 牌爽肤水。

这个事例中反映着心理学中的空鸟笼效应，又被称为鸟笼逻辑——被誉为人类无法抗拒的 10 种心理之一。

空鸟笼效应是由心理学家詹姆斯从身边的一个故事引出的。

挂一个美丽的鸟笼在房间的最显眼之处，过不了几天，主人必定会做出下面两个选择之一：把鸟笼扔掉，或者买一只鸟回来放在鸟笼里，因为这要比针对客人就“你的鸟怎样了”做出解释和说明要轻易得多。原因很简单：人们绝大部分时候是采取惯性思维的，并不一定每一个漂亮的鸟笼里都应该装上一只鸟，但人们总逃不出这个逻辑的局限。

在销售工作中，销售员如果能灵活利用空鸟笼效应，也能让客户受其影响，接受说服而购买产品。

这天，杂志销售员李霞拜访了自由撰稿人张章。寒暄之后，李霞发现张章书桌上摆放着很多杂志，发自肺腑地惊呼：“哦，太棒了！我看得出来，你十分喜爱阅读书籍和各种杂志。”原本张章是打定主意，给李霞吃闭门羹的，可这一真诚的赞赏让他很受用，于是，张章放下了手里的书稿，抬起头与李霞谈起自己桌上的书籍和杂志来。李霞对张章桌上的杂志一一进行了分析，市场如何，内容如何等等，并对他定期阅读这些杂志的做法表达了钦佩，张章很认可：“我从事自由撰稿的工作，肯定要消息灵通、知识渊博，如果不是这样的话，写出来的东西就没有市场。”李霞这时拿出了包里的杂志说："你说得太对了，不过，你这里怎么能没有这几本杂志呢？这些杂志可是市场上最热门的。"10 分钟后，李霞走出张章的办公室，手里拿着 3 本杂志的订单。

每一位客户都是唯我独尊的，他们永远是为了自己的利益而购买，而不是因为其他什么人的原因去购买。因此，销售员抓住客户的心理动机进行说服，是最佳的说服办法。鸟笼效应的根本就是引导客户遵从自己的心理逻辑，顺势而上。这种办法自然能收到立竿见影的效果。

8. 设温柔陷阱，给小甜头引来大消费

西方有这样一句民谚："给人足够的绳子，他终将悬梁自尽；给他机会，他便会自食败果，他会不断地流露出供你将他致死的要素。"

人性最大的弱点就是贪婪，最危险最难满足的是贪婪的欲望。人性的这一弱点，正在被各种营销利用。团购、秒杀如今可谓火爆异常。超低价格的诱惑，是团购网最具吸引力的地方。以低至三折甚至一折价格能享受原本昂贵的产品或服务，这恰恰击中了人性贪婪的弱点。团购网站都巧妙地设定了消费时限，迫使消费者怀有"今天不买明天就错过的心态"，参与了越来越多的团购，让人们在不知不觉中花费得更多。更重要的是，很多人团购完才发现很多东西都不是那么必需的。

一个旅游团不经意地走进了一家土特产店。在参观一番后，他

们并没有购买土特产的打算。

临走时，服务员将一盘精美的糖果捧到他们面前，并柔声细语地说：“请您随便品尝，千万不要客气。”

如此盛情难却，恭敬不如从命。既然免费品尝了糖果，不买点什么，就有点过意不去。于是，每人买了一大包土特产，在销售员“欢迎再来”的送别声中离去。

给客户点甜头，然后让他慢慢付出代价，这一点是所有销售员的必修课。此技巧掌握得好，销售员能消除客户的心理防范，激发客户潜在的消费需求。

下面是某电话销售员向某小区推销防盗锁以及报警器的电话销售过程，其心理公关能力值得你学习。

电话销售员：“王女士，您好，我是某某物业管理公司的。打扰您一下，不知您是否关注了最近的新闻和小区告示呢？”

王女士：“注意了。最近好多小区都发生了入室盗窃……你们社区管理部门，一定要把治安搞好啊，否则……”

电话销售员：“是的，这块我们一定会做好的，不过，也需要您配合。”

王女士：“我，我怎么配合呢？”

电话销售员：“很简单。小偷入室盗窃，主要通过撬锁进入室内。您检查一下您家的锁。”

王女士：“这个，我还真清楚。锁是装潢公司采购的，我不知道质量究竟怎么样……”

电话销售员：“这样吧，您确定个时间，我帮您联系一家专业检测公司和报警器安装公司，到您家去看看。怎么样？”

王女士:“可以，那太感谢您了。明天下午怎么样?”

电话销售员:“可以。那就明天下午3点钟吧!”

给对方甜头的同时“下套”，是一种最高明的反拒绝技巧。有时候，直接把后果示于对方，可能会吓跑对方。在这种情况下，你需要做好“甜蜜的”铺垫，一步步让他看到好处，一点点付出代价。

当然，现在的营销已经不再流行强买强卖，这需要销售员研究客户的心理，发掘他们内心深处最怦怦跳的人性，然后布置温柔的陷阱，让他们在美好体验中心甘情愿地消费。这一点，其实正迎合了时代的发展。因此，销售员要懂得心理学，洞察客户的心理，并一步步去引导对方，最终促成销售。

第五章

花式介绍，让客户对产品瞬间动心

进行产品介绍是所有销售员的必修课、最基础的技能。但是，做好产品介绍却并不简单，不仅需要销售员掌握产品知识，还要求销售员掌握客户的心理，把产品知识转化成一种销售武器，去打动客户的心。而事实上，同一种产品，销售员可以根据不同的客户需求，卖出不同的价值出来——销售员通过千百种转化方式赋予产品全新的生命。

1. 为产品“背书”一个吸引人的故事

一般的矿泉水大多都1~1.5元一瓶，进口矿泉水也仅3~5元一瓶而已，依云矿泉水却卖到了几十元一瓶，消费者依然接受。

依云矿泉水的魅力何在呢?

依云矿泉水来自高山融雪和山地雨水常年聚集的阿尔卑斯山脉腹地。经过长达15年的天然过滤和冰川砂层的层层矿化与自然净化，形成了依云水……1789年的一天，一位患有肾结石的法国贵族散步到附近的一个小镇，无意间饮用了当地的泉水，觉得口感甜美滑润，于是取了一些当地的泉水坚持饮用。一段时间后，他发现自己的肾结石奇迹般地消失了。

这个奇闻迅速传开，专家们专门做了分析研究并且验证了依云水的疗效。此后，大量游客涌到依云小镇，亲自体验依云水的神奇。医生们也将它列入了药方。拿破仑三世与皇后对依云镇的矿泉水更是情有独钟，1864年正式赐名该地为依云镇。依云矿泉水也随之走向了全世界。

听完这个故事再喝依云矿泉水，是不是贵一些的价格也可以接受了呢？对于购买依云矿泉水的客户来讲，他们买的不是水，而是健康，区区几十元实在是太划算了。

由此可见，在销售时，销售员不要去和客户纠缠商品是否值多少钱。因为一旦陷入价格的纠缠中，产品将很难卖个好价钱，甚至很难达成交易。而给产品背书一个有说服力的故事，在精彩的故事中，客户的心也被牵动了。

消费者购买商品的目的并不仅仅是为了获得直接的物质满足和享受，更大程度上是为了获得心理上的满足。这就出现了一种奇特的经济现象，即商品价格定得越高越能受到消费者青睐，商品价格定得越高越能畅销。美国经济学家凡勃伦最早注意到这一现象，因此这一现象也被命名为凡勃伦效应。

很多企业都用凡勃伦效应来探索新销售策略。比如，给产品背书一个故事，从而加强消费者对商品的好感，有效地提高市场份额。

在购买产品时，许多消费者第一反应会把注意力集中到商品的价格上，而最终做出购买决策时，他们关注的往往不是价格，而是商品的价值。如果我们能通过一个故事凸显商品的价值，那么，客户的价格异议就像泡沫一样自然而然地消失了。

产品背后的故事可以是产品自身的故事，也可以是与客户有关的故事。

比如，一位小白领向销售员抱怨 iphone6s 太贵时，销售员如果说："先生，4000 块已经很便宜了，你到任何店铺都不可能拿到比这更低的价格……"那么这个销售员便是在就商品卖商品，就价格谈价格，很可能遭到消费者拒绝。

事实上，这时消费者的心里是矛盾的，他既希望少付出购买成本，又希望这个手机很有价值、很能给他长面子，而销售员就价格谈价格等于否定了手机的价值。这样，成交的概率自然就会很低。

如果销售员换一种方式说：“先生，这个手机太适合您了，您出去见客户，随手拿出来接打电话，多显身份。您跟女朋友约会，让身边的人看到了，肯定会说您女朋友找到了一个好对象。过年过节的回家，您拿着最新款的手机，爸妈也会觉得您一人在外地，过得很体面，老人就放心多了。”然后，销售员给客户描绘了几个他生活中最常出现的场景，而每一个场景都能深深打动了他。这样，成交的概率自然就会大大提高。

需要注意的是，销售员在否定客户的价格异议、提出有说服力的故事时，一定要注意掌握技巧，不能过于生硬，否则会招致客户的反感。比如，“这个价你还觉得贵，那是因为你不知道……”这种说辞只会让客户脸上蒙羞——他很难在听你继续说下去。

销售员可以询问的方式，向客户提出问题，引导客户在不知不觉中回答自己提出的异议，甚至否定自己，转而同意导购员的观点。比如，上面 iphone6s 的销售员可以直接反问客户：“一个让你在女朋友面前有面子，让您在客户面前显身份的手机，您觉得它值多少钱?”

销售员还可以先肯定客户的异议，然后再陈述自己的观点，以避免客户产生抵触情绪，使客户更容易接受销售员的观点。使用这种方法处理客户异议时，首先要表示对客户异议的认可，然后再用转折词，如“但是”等。

给产品背书一个故事，其实就是通过实事求是的说服，使客户明白商品的价值高于（或等于）价格；销售员要向客户说明产品具有什么特征和功能，并指明产品具有什么利益能增加价值，激发客户内心的需求欲望。因此，销售员宜多从产品价值谈起，少谈产品价格，要技巧性地把客户的关注点从价格引开。

2. 花样介绍能让卖点变得特别有趣

在热带雨林历险时，小杨找到了一棵散发着奇妙香气的树。他隐约觉得，这肯定是宝贝，就从当地人的手中买了下来。

后来，因为急用钱，他将这棵奇香无比的树木运到市场去卖。好几天过去了，虽然围观者众多，却一直没人肯买，这让他十分烦恼。

恰好，他旁边有人在买木炭。那人就劝他："一颗木头不好带，也没什么用，你干脆把它烧成木炭吧！带着香味的木炭，肯定有人买。"小杨听了，觉得很有道理，就把香木烧成木炭。果然，飘香的木炭很受欢迎。

在他正为赚到了钱而沾沾自喜时，一个老师傅路过，看到他飘香的木炭，忍不住惋惜说："千年沉香木，如果磨成粉末，一两就价值连城，够你卖一年的木炭。"

端着金碗讨饭吃，拿着锦缎当抹布，很显然小杨没有抓住手里沉香木的真正卖点，没有看到它的真正价值，做出了"因小失大"的蠢事。

销售员看到这个故事时，必须引起警醒：一种商品往往具有多种用途，并由此能构成多个卖点，抓住最能打动客户的卖点，就能取得事半功倍的效果。

日本商人吉田有次到菲律宾探亲时，在市场上看到有小贩在卖一种观赏小动物——对虾。这是生长在海边的小虾，自幼成双结对钻进石堆度过它们的一生。贩虾者将石堆稍加装饰后，与对虾一起出售。吉田觉得很新奇，认为这是一个很有卖点的商品。

返回东京后，吉田立即开办了一个结婚礼品商店，专卖这种对虾。一盘盘以假山为衬托的虾巢，装点得颇为雅致。整个商品命名为“偕老同穴”，旁边有几句简短的说明。这一对对从一而终、白发到老的小虾，是爱情专一不变的实体，不正是人世间夫妻永远美满幸福的象征吗！

这一惟妙惟肖的描述，极大地激发了新婚夫妇的购买欲。一时间，对虾成为东京市场上一种最畅销的结婚礼品。吉田的结婚礼品店也迅速增设了十多个分店，商品供不应求。

同样一个商品，在菲律宾小贩的手里“生意平平”，但到吉田手里却能热销，其根本原因在于吉田赋予了这个商品一个有趣而特别的卖点——这个卖点迎合了一批客户的需求。

销售员渴望有个好卖点，客户希望有个好买点，如果销售员能在供求双方中找到共同点，成交的可能性也就会变大，如果供求双方内在需求很小，共同点也难以找到，那样不论销售员再努力，成交的可能性也会很小。

不同的思维，不同的销售技巧，就会有不同的结果。销售员转换卖点时，要看到产品本身的常用功能外，还有哪些附加功能或者情感价值。能在别人认为不可能的地方开发出新的市场，能在别人都一致看重产品的一个卖点上挖掘出更多的卖点，这才是真正的销售高手。

张航是一位房地产销售员。他带一对夫妻去看一栋老房子。客观地讲，这栋老房子整体非常陈旧，周围新楼林立，开发商的促销力度也很大，其卖点几乎没什么竞争力。

张航带那对夫妻去看老房子时，太太惊奇地发现后院有一棵非常漂亮的石榴树："老公。快看，那里有一棵石榴树，跟咱们老家的那棵一模一样。"太太的话让张航眼前一亮。

当那对夫妻进入房子的客厅时，客厅陈旧的地板和装饰让夫妻两人都很不满。张航对他们说："客厅的地板是有些陈旧，不过，当您从客厅向窗外望去时，可以看到那棵非常漂亮的石榴树。"

当那对夫妻走进厨房时，太太抱怨厨房的排烟系统不好。张航又说："当您在厨房做晚餐时，抬头向窗外望去，您可以看到那棵美丽的石榴树。"

随后，夫妻两人又参观了其他房间。不论他们指出这栋房子的任何缺点，张航都一直强调："这栋房子是有些缺点，但这房子有一个特点是其他房子所没有的，那就是您从任何一个房间的窗户向外望去，都可以看到那棵非常美丽的石榴树。"

最后，那对夫妻花了 150 万元买了他们有诸多不满的老房子，还有房子后面的那棵石榴树。

销售最高明的手法是化弱点为优点，实际做法就是"有特点说特点，无特点创造特点"。不同的客户会看中产品不同的卖点，优秀的销售员会以敏锐的眼光洞悉客户的内心，根据客户的倾向采用不同的说辞，向客户重点展示他所看重的那一卖点，进而攻克客户的心房。

在日常销售工作中，对于产品，客户基本上都会问一些相关问题。如果销售员无法回答出来，那么，业务就无法开展。这就需要销售员不但要知道产品哪里好，还要能说出产品如何很好甚至如何最好。有时，除了熟悉自己所推销产品的优点和缺点外，销售员还要熟悉竞争对手的产品和替代品的优缺点。因为没有最好的产品，只有更好的产品，两项比较，才能更加凸显自身产品的优势。

除了对产品全面精通外，销售员还需要根据客户的不同情况准确设计出产品的卖点——这个卖点既是产品本身就具有的，又是客户最为关注的，把它充分地表达出来，无须面面俱到，就能成功勾起客户的购买欲。

3. 适度说一些产品的“小缺点”表诚意

在通常情况下，人们习惯于展示自己的优点和长处，隐蔽自己的劣势和不足。事实上，有时反其道而行之，适当向对方暴露自己的短处，反而能够赢得别人的信赖和敬重。美国社会心理学家约瑟夫·勒弗特和哈里·英厄姆将这一社会现象称为约哈里窗户理论。

约哈里窗户理论告诉我们，在多数情况下，人们总是喜欢和一些坦诚、真实的人交往，如果对方勇于坦言自己的不足和缺点，我们反而觉得他很坦率，从而拉近了彼此的心理距离，心里会感觉更加踏实。

在销售中，人们惯常的做法是一味地突出和强调产品的优势，对于产品固有缺点和不足则会百般掩饰和隐瞒。殊不知，适当暴露一些产品的“小缺点”，能给客户留下真诚、坦率的印象，会让客户心里更踏实，反而会更容易成交。

美国大名鼎鼎的销售专家阿玛诺斯曾顺利地卖出了一块别人都卖不出去的土地，在业内传为佳话。

阿玛诺斯新进公司时，其他销售员故意刁难他，把一块闲置多半年的政府拍卖土地项目交给了他。

在了解到那块土地的详细情况后，阿玛诺斯开始接洽有意向的客户。在带着客户去看地前，他除了向客户介绍那块地是如何的有投资价值、是如何的位置好、地价是如何的便宜外，还会很坦率地说："在那块地四周有几家工厂，如果是拿来盖住宅的话，周围的环境可能会很吵，这也就是价格要比一般地便宜的原因。"

当客户来到现场进行考察时，发现那个地方的噪音并没有像阿玛诺斯说得那样糟糕，而地理位置和升值空间却是实实在在的。客户说："无论搬到哪里，噪声都会是一样无法避免的。而这块地的性价比真的很高。"

就这样，阿玛诺斯轻松将其他销售员半年也卖不出去的土地顺利销售出去了。

无数案例告诉我们，销售员必须为产品说实话，必须承认其产品既有优点也有不足的地方。在说起商品的优点时，很多销售员说得头头是道、天花乱坠，千言万语讲不完；但一旦被问到该商品究竟有什么缺点和问题时，他们却是哑口无言，或者干脆回答"没有缺点"。

试想，如果产品明明具有某种缺陷，而销售员却执意隐瞒、不敢承认，那么一旦客户发现真相，即使销售员再做多少解释，都很难挽回客户的信任。而客户的信任是一个销售员最宝贵的财富。

在面对客户时，销售员必须要做“老实人”，有技巧地将产品的缺陷暴露出来。当然，暴露给客户的产品缺点一定要是客户的非关注点，属于“瑕不掩瑜”那种，如果产品缺陷正是客户所忌讳的话，那客户肯定会坚决地说“不”了——销售员当然不宜主动提及。

在销售过程中，销售员要对客户保持诚信、勇敢地正视产品不足，需要掌握以下技巧。

（1）主动说出一些小问题。如果销售员自始至终只提产品的优势，而对产品的不足只字不提，那你推销的产品不仅不会在客户心中得到美化，反而会引起客户的更多疑虑。为了打消客户的疑虑，销售员可以主动说出一些有关产品不足的问题——这些问题一定要是无碍大局的，对方可以接受的。当销售员主动地将产品存在的问题说出来之后，客户就会认为你更值得信赖。

（2）实话巧说。有些问题销售员虽然可以说出，但也不能一股脑全部抛出；有些问题是销售员不能如实说出的，如商业机密等。关于这些不能说出或者不好说出的问题，销售员一定要格外注意，不要为了博得客户一时的高兴就信口开河。在说一些问题时，可以采用声东击西的策略，如：“您说的价格问题，其实不是一个大问题，好的产品制造投入自然高一些。试想，如果你花较少的钱买了质量比较差的产品，心里是不是十分郁闷？而我们的产品质量是绝对可以信赖的。”

（3）别去直指客户的问题。对于客户的种种问题，销售员不要直接指出。这样可能会挫伤客户的自尊心，影响你们的进一步沟通。即使客户在最后关头突然改变主意，销售员也不能带有情绪，更不可指责，要相信他不买有他一定的原因，要设身处地地表达出你的理解和关切。第一次沟通只是交易的开始，即使客户不购买，只要给客户留下深刻的友好形象，不愁他不会再来。

4. 为客户编织一个拥有后的梦

汽车推销大王乔·吉拉德有一个销售诀窍：推销产品的味道。他认为，每一种产品都有自己的味道，如果用产品独特的味道吸引住了客户的感官，那么，销售员就很容易掌控住客户的感情。

与不少销售员“非买勿碰”的做法不同，乔·吉拉德在和客户接触时，会热情地邀请客户先“闻一闻”新车的味道，包括让客户坐进驾驶室，握住方向盘，触摸操作一番；让客户试驾一下，开到家或者公司附近转一圈。

根据乔·吉拉德的经验，坐进驾驶室把车开上一段距离的客户，绝大多数都会买他的车，即使当即不买，不久后也会来买。为什么？在试驾过程中，他们感受到了拥有车后的便捷，他们听到了孩子兴奋的欢呼，他们看到了邻居或同事羡慕的眼神……新车的“味道”已深深地烙印在他们脑海中，形成了一个色彩斑斓的梦——使他们难以忘怀，使他们有了真正拥有的迫切希望。

事实上，乔·吉拉德的诀窍适用于很多行业。无论你销售的是什么，都要想方设法展示产品，要让客户亲身参与，你为客户编织好一个拥有后的美梦，他们沉醉于梦中，自然会很期望将梦想变为现实。

心理学中有一个狄德罗效应。它起源于18世纪法国一位哲学家丹尼斯·狄德罗的真实经历。

某天，友人赠送给狄德罗一件高级睡袍。他非常喜欢，当他穿上之后，就觉得家里的一切家具和装饰都显得粗陋庸俗——椅子、书架、窗帘、地毯，与他的高级睡袍都非常的不协调。于是，他把之前的旧东西一件件更新。

等到家里一切全都焕然一新的时候，他才发现，“自己竟然被一条睡袍胁迫”了。

狄德罗效应告诉我们，“人往高处走”，人的欲望一旦产生，就会越来越大，不可遏制。乔·吉拉德让客户“闻一闻”新车味道就是通过此方法巧妙地挑起客户的欲望。最终，客户的欲望得到满足，心理获得平静，他的订单也就自然到手了。

在世界大品牌的经典营销案例中，经常有让客户免费体验勾起消费者欲望的做法。

例如，1964年，柯达推出“拍立得”相机之后，定价相当低，最低的只卖13美元。更出人意料的是，在柯达相机备受欢迎，销售量直线上升之际，柯达将10年研究出来的技术图纸免费提供给同行。在大部分人都认为柯达老板疯了的时候，柯达的胶卷业务赚了个盆满钵满。这是一个以副产品带动主营产品的例子。

又如，在情人节这一天，哈根达斯会推出“情侣冰淇淋”，并且为情侣们免费拍照纪念，这就是哈根达斯免费送出的爱情标签。伴随着这一免费活动，哈根达斯打出了“爱我就请我吃哈根达斯”的爱情宣言以后，就此，它在世界各地从来就没有为销售而伤过脑筋。这是一个以免费带动收费的例子。他们都有一个共同的特征：通过产品体验，挑起消费者的欲望，促成销售。

当然，在具体销售环节，产品体验的方法多种多样，我们可以灵活地使用。客户体验感觉良好，就会有很强的购买欲望。退一步讲，即使客户最终没有购买，只要他们体验感觉良好，他们也会将产品的信息传递给他们的亲友们，给你带来潜在的客户。因此，销售员在推广产品时，要积极主动地让客户体验产品，巧妙地为客户编织一个拥有后的梦想。

在使用客户体验方法促进销售的过程中，我们要注意，客户所体验的产品的性能和品质一定要有保证，否则，过多的体验只会适得其反，另外，不管客户购买与否，销售员都不能给体验者任何压力，如果给客户留下了一种体验了就非卖不可的印象，则会引起客户的反感。总之，销售员要明白，在这次体验中，只要给客户留下了良好的印象，无论成交与否，都是一次重大的成功，因为体验过的客户会成为你的免费宣传员，他们会积极地跟朋友交流这次体验，宣传你的产品。

5. 将产品带给客户的利益直接说出来

很多销售员有这样的感受，让客户体验一下产品很简单，但真正向他们推介产品时，往往会遭遇到客户的抵触心理——没有人喜欢有人觊觎自己的钱包。

销售员应该如何克服这个问题呢?

有这样一个故事:

日本知名保险推销员江户唔明试图向一位准客户推销一种保险，结果吃了闭门羹。当踏出电梯走出旋转门时，他看见一个身上背着擦鞋箱的小男孩。小男孩抬起头来望着他，笑着问他:“先生，要擦鞋吗?”

江户唔明忽然有灵感了。他拉着小男孩的手，说:“跟我来。”

他们走进电梯，回到江户唔明刚刚离开的那一层楼，走进那位准客户的办公室。

那位准客户抬起头来，很不高兴地说:“你又来做什么?我已经告诉过你了，我不需要保险的!”

江户唔明说:“我为您带来一件礼物。”

说完，他带着那一位小男孩绕到办公桌后面，然后对他说:“擦他的鞋!”

那位准客户一下没反应过来，呆呆地看着小男孩皱巴巴的小手在自己的皮鞋上飞快地擦动着，小小的身躯也随之晃动。

这时，江户唔明对那位准客户说:“假使您没有足够的人寿保险而突遭不测，您儿子——差不多就是这个男孩的年纪——可能就必须靠擦鞋为生。这是像您这样成功的男人、合格的父亲愿意看到的吗?”

结果如何?那位准客户果断地买下了江户唔明推荐的保险。

有心理学家做过这样一个实验:

首先让参加实验的人看一相机的图片广告，然后分别询问他们3个问题:这张图片有没有红颜色?这是什么?你有没有用过这种产品？问完3个问题后，让他们回忆相机的牌子。

结果显示，被问过第三个问题的人回忆得最好。为什么会这样呢？因为这个问题与自己有关，自然就能记住，能很容易地回答出来。

这一心理现象被称为自我参照效应，即指记忆信息与自我相联系时产生的记忆效果要优于其他信息条件的现象，换句话说，我们在接触新东西时，如果它与我们自身有密切关系的话，就不容易忘记。

有句俗话说事不关己，高高挂起。从心理学角度讲，这从反面证明了自我参照效应。因为，当一件事与自己没有丝毫的关系时，人们就很难去记住它，更不可能去关注它。而当一件事与我们息息相关时，我们会表现出极大的关注。

在上面的事例中，江户唔明单单介绍保险的条款、内容，客户觉得与自我没有什么紧密的联系，当然很难被打动，当客户看到与自己孩子年龄相仿的男孩辛苦生存的身影时，他就一下子被触动了，意识到有买保险的必要了。

在日常生活中，我们都会有这样的体验，人们买东西往往买的是他们的期望，当我们听到或者看到某个事时，往往会在潜意识里为这件事情勾勒出一幅图画，然后根据这幅图画作出判断。那位准客户从小男孩身上看到了自己孩子的影子，因此改变了自己的主意。

在销售过程中，销售员最常犯的错误是特征推销——他们向客户介绍产品的功能、价格、特性等，而恰恰没有告诉客户这些特征能带来什么利益和好处。优秀的销售员会时刻谨记自己卖的不是产品，而是产品带给客户的利益，即产品能够满足客户什么样的需要，为客户带来什么好处。

销售员如何向客户推销“利益”？

一般说来，客户感知到的利益分为以下几类：

（1）产品利益，即产品带给客户的利益；

（2）企业利益，由企业的技术、实力、信誉、服务等带给客户的利益；

（3）差别利益，即竞争对手所不能提供的利益，也就是产品的独特卖点。

一个产品包含的利益是多方面的。在介绍利益时，销售员不能面面俱到，而应抓住客户最感兴趣、最关心之处重点介绍。因为，推销有个基本原则——与其对一个产品的全部特点进行冗长的讨论，不如把介绍的目标集中到客户最关心的问题上。推销要点就是把产品的用法以及在设计、性能、质量、价格中最能激发客户购买欲望的部分，用简短的话直截了当地表达出来。

而简短快捷地将销售要点介绍给客户，销售员就必须掌握FABE法。

FABE法就是阐述产品的特征、抓住产品的优点，并将之与客户的利益结合起来，然后举出证据来证明的四段论法。

FABE法的具体实施步骤如下：

（1）将商品的特征（Feature）详细地列出来，尤其要针对其属性，写出其具有优势的特点。将这些特点表列比较。表列特点时，应充分运用自己所拥有的知识，将产品属性尽可能详细地表示出来。

（2）表明商品的利益（Advantage）。即你所列的商品特征究竟发挥了什么功能？对使用者能提供什么好处？在什么动机或背景下产生了新产品的观念？

（3）关注客户的利益（Benefit）。我们必须考虑商品是否能真正带给客户利益。

（4）保证满足消费者需要的证据（Evidence），亦即证明书、样品、商品展示说明、录音、录影带等。

当然，在推介产品和服务过程中，有一个原则是销售员必须遵守的，那就是——客观，带有个人偏好和目的性的推介只会引来客户的怀疑，从而对你的任何语言都心生反感。

6. 将“我需要”变为“我想要”

可口可乐公司太平洋集团公司总裁约翰曾讲过一句耐人寻味的话：“可口可乐并不是饮料，是一位朋友。”这句话其实包含了一种推销秘密，即情感渗透策略。而事实上，可口可乐公司正因为奉行了成功的情感渗透策略，成功与客户情感对话，最终成为一代霸主。

从心理学角度讲，客户在没有被激发出强烈的购买欲望时，就不会主动采取购买的行动，而当他有这种欲望时，他不仅会购买，还会用逻辑分析为本次购买做出辩护。情感渗透策略就是与客户情感对话，并引导客户的心理，将客户的“我需要”变为“我想要”。

人的消费行为大体分为三个阶段：第一是量的消费阶段，第二是质的消费阶段，第三是感情的消费阶段。这与马斯洛消费需求5层论一致。进入21世纪，人们消费总体层次和构成向高层化、舒适化、感性化方向发展，人们消费需求也日趋差异化、多样化、个性化、情绪化，更加注重个性的张扬和精神的愉悦，“情绪价值”消费观愈发明显，“机能价值”消费观日趋弱化，因为人们购买产品时，已经不单单是追求产品的功能价值，更多的是想通过购买产品表达一种情感。销售员重视客户“情绪价值”需求，想办法满足其需求，打动客户，促成销售就会变得水到渠成了。

“空中客车”飞机推销员贝尔纳·勒狄埃使用“情感推销法”赢得了不少大订单。其销售技巧值得我们学习。

有一次，贝尔纳·勒狄埃到印度推销飞机，接待他的是印度航空公司决策人拉尔。当贝尔纳·勒狄埃打电话给拉尔预约见面时，拉尔十分冷淡，勉强答应给10分钟时间会面。

贝尔纳·勒狄埃见到拉尔时，首先表示感谢：“将军阁下，我衷心地向您表示谢意。因为您使我得到了一个十分幸运的机会——在我过生日的这天，我又回到自己的出生地。”

“是吗？您也出生在印度吗？”拉尔半信半疑地问道。

“是啊！”贝尔纳·勒狄埃没有急着谈任何与飞机相关的话题，而是顺势谈起了自己在印度度过的快乐童年，“我出生在贵国名城加尔各答。当时，我父亲是法国密歇尔公司驻印度代表。我们全家得到了好客的印度人民的特殊照顾。我记得，我过3岁生日时，邻居一位大妈送给我一件可爱的小玩具，我和印度小朋友一起乘坐在象背上，度过了我一生中最幸福的一天……”

10分钟很快就超过了。拉尔在贝尔纳·勒狄埃绘声绘色的讲述中，想起了自己与小伙伴在象背上的童年，想起了自己那个和蔼亲切的邻居大妈。他一点也不想结束谈话，反而提出了邀请：“你能来印度过生日太好了！今天，我想请你共进午餐，表示对你生日的祝贺。”

到了餐厅，贝尔纳·勒狄埃看似无意地从钱包里取出一张颜色已经泛黄的合影，恭恭敬敬地展现在拉尔面前。

“这不是圣雄甘地吗？”拉尔惊讶地问。

“是呀！左边的那个小男孩就是我。4 岁时，我和父母在回国途中，曾经十分幸运地和圣雄甘地乘同一艘轮船。这张合影就是那次在船上拍的。我父亲一直把它作为最宝贵的礼物珍藏着。这次来印度，我一定找机会去拜谒圣雄甘地的陵墓……”

“我代表印度人民感谢您对圣雄甘地和印度人民的友好感情。”拉尔紧紧握住了贝尔纳·勒狄埃的手。

午餐在轻松融洽的气氛中进行着。当贝尔纳·勒狄埃告别拉尔时，这笔本来希望渺茫的大买卖成交了。

客户用情感购物，用理智判断得失。贝尔纳·勒狄埃在推销飞机时，没有提到飞机，而是通过触发客户的童年记忆和民族感情，激发了客户的兴趣，促成了交易。这就是情感渗透策略成功运用的典范。

事实上，销售在某种意义上也是销售员与客户沟通感情的过程。美国推销大王乔·坎多尔福曾说过：“推销工作 98% 是感情工作，2% 是对产品的了解。”美国推销大王乔·吉拉德说：“你真正地爱你的客户，他也会真心爱你，爱你卖的东西。”销售员如果能给产品赋予一定的情感，满足了消费者的某种情感诉求，一定能够和消费者产生情感共鸣，吸引住消费者的目光。一个触动消费者内心世界的情感诉求往往会给消费者留下深刻而长久的记忆，“对”

的情感切入点与燃点，将会大大缩短推销面谈所花费的时间、精力，降低销售面谈难度，提高成交率。这样，销售员与客户的关系也就会更亲密、更持久。

7. 借权威人士之“势”增加分量

伯乐是相马权威。人们都认为伯乐相中的马绝对是好马。

有一次，有人来求见伯乐，说：“我母亲生病缺医药费。我想把我的马卖个好价钱，请您到马市上走一遭，在我那匹马旁边走一走，看一看。行吗?”

伯乐答应了，就按照跟那人说好的，在他的马旁边绕了一圈。结果，众人都争先恐后地要买那匹马。因为要买马的人太多，最后大家竞标，让那匹普通的马卖了天价。

心理学家罗伯特·西奥迪尼总结了有效说服别人的六项原理，其中一条就是权威原理，即人们都愿意听从专家的意见。权威人士的一言一行，在很多人看来，都有不同凡响之处，都是正确的。因此，他们都喜欢跟风，听从权威人士的意见。而很多销售员常常会通过巧借权威来达成销售目的。

考比尔·琼斯是美国20世纪50年代最著名的出版商。当时，受美国经济危机影响，出版业非常萧条，琼斯出版的一大批图书久久不能销出。

大批大批的图书积压在库房里，琼斯心急如焚。后来，他想出了一个绝妙的销书办法。他先想方设法地与总统周围的人拉上了关系，把一本积压最多的书送给了总统，然后三番五次地委托总统身边的人向总统征求对那本书的意见。

被政务压得已不堪重负的总统根本就没闲心看那本书，但碍于面子，就在那本书的扉页上写了两个字："不错"。

琼斯得到那本书后，立即大做广告："这是总统最喜欢的书!"于是，那些书被抢购一空。

不久，总统又收到了琼斯送来征求意见的书。上次的事情，总统也有耳闻，也觉得自己上当了——被琼斯利用了名望。这次，他想戏弄琼斯一下，就在书的扉页上写道："糟透了!"

不料，琼斯拿到书后又在广告上大做文章："这是总统最讨厌的书!"这立即吊起了生性好奇心极强的美国人的胃口。

那本书加印了几次还供不应求，琼斯也因此赚了一笔大钱。

当琼斯第三次将其他的书送给总统时，总统接受前两次的教训，干脆把书甩到一边，不做任何答复。但过了一段时间，琼斯又做起了广告："这本书总统已经阅读了两个月，但没有发表任何意见，这是总统最难下结论的书。"

于是，市场上又出现了抢购潮，连总统听说此事后也哭笑不得，无可奈何。

这是美国版的"狐假虎威"故事。琼斯如同狐狸一般狡猾，巧妙地假借了总统的名望，让自己的产品引起了广大消费者的关注和购买欲望。从销售行为心理学讲，这是一种"借势"提高自身形象，扩大影响的策略和技巧。只要销售员善加使用，常常在销售工作中收到意料之外的效果。

某厂家推销员为了向某公司推销高端机器，做了多番打听，探得消息：该公司负责人张总与当地工商局马局长是老相识。于是，就提一袋水果登门拜访。在寒暄过程后，推销员说出了几句这样的话："张总，我这次能找到您家，多亏马局长的介绍，他还要我替他向您问好……听马局长说，你们的公司没有××机器……"第二天，生意便成交了。

这个推销员的高明之处就在于有意撇开自己，利用信息的不对称效应，让对方搞不清楚自己的底细，充分利用马局长这个大人物为自己增加了谈判筹码。

因为，权威人士往往是有实力的人，他掌握和操纵着某一领域的话语权，有着广泛而深刻的影响力。借助他的势力，销售员能快速地提升自己的地位和声誉。大树底下好乘凉，如果销售员能有个显赫的人物为你撑着，其销售之路自然畅通无阻。

8. 为产品打上客户的烙印

在生活中，我们都有这样的体验：自己的孩子总是好看的，自己的想法总是最精彩的，自己的衣服总是最好看的……

"自己的"就是最好的，这是大部分人都存在的一种自恋心理。销售过程中，销售员利用好客户这种心理，通过给产品打上客户烙印的方式能够让客户对产品瞬间动心。

李丽是一家设计公司的销售员。她洽谈了一家制造公司的 VI 项目，该公司的设计负责人陈建对两家公司的合作条件很认可，但李丽公司提交了三次设计样稿，都被陈建否决了。

眼看着这个项目的执行时间被过分地拖延，两家公司的合作意向面临着中断的风险，怎么办呢？

李丽不厌其烦地与陈建沟通设计思路，陈建也是知无不言，言无不尽，但设计的样稿当他一直不满意。怎么办呢？

经过反复思考，经过多方协调，李丽把公司的设计员安排到了陈建办公室的角落里办公。每天上班前，设计员都会跟陈建沟通："我想这样设计，您看怎样呢？"陈建一般对设计师的意见不会有大的反对意见。就这样，设计师开始了一天的设计工作。

设计师的电脑就在陈建办公桌对面。工作之余，陈建一抬头就能看到，因此他会时不时地插一句："这个色调比较好，这个线条再突出一点。"

两天后，设计初稿完成。陈建对设计员拿出的设计稿赞不绝口："对，这就是我想要的感觉。"

就这样，李丽顺利地拿下了陈建公司的设计项目合同。

一样的设计员，一样的设计思路，为什么调整了一下沟通方法，陈建很容易就接受了设计样稿呢？因为在后面的样稿设计过程中，每一步都有他的建议、他的思想，他肯定自己，也就肯定了设计样稿。

通过这件事，李丽受益匪浅："在以后的工作中，我不再说服客户哪个是我认为最好的设计方案，而是鼓励客户把他的想法交给我，当设计稿里有了客户的心血，有了客户的参与时，他就有了一种设计稿是他创造的感觉，我不用再说服他，他会自动去买。"

如何给产品打上客户的烙印呢？在实际工作中，销售员可以结合产品特色，发挥创意。例如，买玩具娃娃，美国奥尔康公司却将“销售”概念演变成“领养”，它给身上都附上出生日期、姓名，在其臂部还盖有“接生人员”的印章。当客户选购时，不是购买它，而是“领养”它，甚至要签署“领养证”，通过办理“领养手续”，娃娃和买主建立起了“养子女和养父母”的关系。这种方式卖出的玩具娃娃，退货率几乎为零，客户满意度几乎达到了满分。这就是为产品打上客户的烙印的魅力，它让客户对产品充满了认知感，当客户把产品归属为“自己的”时，那产品的销售就不再是问题了。

第六章

善打“太极”，让客户的关注点从价格移开

不怕多花钱，就怕花冤枉钱，每个人购物时，出于对商家的不信任，经常会通过试探价格虚实的方式避免自己“吃亏”。另外，产品的性价比是每个客户采购时的最大追求，尽可能降低成本，扩大性价比，让购买显得超值，客户也会客户讨价议价。明白客户心理的销售员不会花精力去研究跟客户讨价议价的技巧，而是通过一些小花招轻松地让客户的关注点从价格上移开，让客户购物“占到便宜”了。

1. 掌握“价格非常合理”的说服逻辑

客户在掏腰包时，价格是他们最关心的要素之一。因价格引起的异议很常见，而这种价格异议仍然是客户止步的关键因素。

为了恰当处理客户的异议，销售员首先要对其有正确的理解。客户的异议是成交的障碍，当然也是成交的信号——它表明客户对产品感兴趣。如果销售员能对异议做出灵活的应对，那么将对产品的销售有很大帮助。

某公司的张总一直以“公司不需要 IT 设备”为由百般推脱与黄珊会面。黄珊找关系引荐后终于有机会面见张总。但见面后，张总依然开门见山地拒绝他：“我们公司也很想升级电脑，但我们没钱。”

黄珊接过来说：“是，现在金融危机时期，大家都在考虑成本。我了解贵公司有费用上的考量，所以我才会提这样的建议。”

“哦，我拿出十来万出来，还是省钱了?”张总似乎有了交谈的兴趣。

黄珊接着解释说：“是的，贵公司使用升级电脑后，不仅处理速度快，又可以搭配更多应用软件，让人事费用和其他业务成本可以大大降低。长期来说，贵公司反而可以省下更多费用。”

“的确，目前，每年光电脑维修的费用就不少。”张总有点动心了。

“是的，我给你算一下成本账……”黄珊一条一条地列出了一次性投资10万元后，张总公司可以节省出来的各种成本费用。

结果，张总爽快地接受了黄珊的推销。

美国著名社会科学家佩蒂和卡西波在大量案例支撑的基础上，提出了两条截然不同的“说服途径”：

（1）感性途径，即销售员抛出某些启发性的提示，听者接收到了，没有对支持观点的相关信息做出必要的审查就轻易地改变了态度，说服的目的就达到了。

（2）理性途径，即销售员会对听众提出的某个观点的信息做出认真细致的考察，在认为它真实可靠后，他就会被说服。

在销售过程中，当客户对价格非常敏感时，销售员采用理性的说服方式成功率会更高。这就需要销售员能找到许多支撑自己观点的事实，并在恰当的时机阐述它，发挥它，使它们成为你的有力论据，以事实说话，对方自然会接受你的观点。

事实胜于雄辩，销售员引用的事例越具体、越全面，对于理论观点的证明就越有力，理论观点本身也就越能够说服听众。

一般来说，在说服的过程中，销售员可以遵循这样的逻辑顺序，让你的说服工作水到渠成：

Step1：你有没有发现这样一个事实？

Step2：是什么造成了这样的事实呢？

Step3：如果否定这个事实，会有什么影响呢？

Step4：基于这个事实，我们有什么改变现状的方法呢？

Step5：为什么我的观点是有用的？

按照这个逻辑铺陈下去，听众很容易就接受了你的观点。

在处理客户的价格异议时，销售员不妨在扎实的逻辑分析基础上进行说服策略的规划，选择和安排更具说服力的陈述内容，对“产品价格非常合理”进行全面、详实而充分的论证，如果客户能够按照我们的逻辑走，一般都能够被说服。

不过，要注意的是，在你说服客户时，一定要对自己的产品有充分的信心，要保证产品品质和价格正如你所说的，只有你先真正相信了，才能去说服你的客户。

2. 用“面子”掩盖价格过高的劣势

面子是中国特有的文化心理现象。“树要皮，人要脸”，在中国人看来，面子意味着声望和社会地位，代表着人格和尊严，是一个人经社会认可的“自我”和影响力的代称。给我面子，就是尊重了人格；毁我面子，就是侵犯了尊严。为了维护面子，有时候甚至不惜搏命。因此，在为人处事中，面子具有极其重要的位置。

在销售过程中，“抹不开面子”是客户普遍的一个心理弱点。销售员如果能抓住客户的这个弱点，给足客户面子，就可能销售出去价格太贵的产品。

化妆品推销高手，后来美国的化妆品大王玫琳·凯就在把握人们的爱面子心理上很有一套。

有一次，她上门去推销化妆品，女主人非常客气地拒绝了她：“对不起，我现在没有钱，等我有钱了再买，你看可以吗？”

细心的玫琳·凯看到了女主人怀里抱着一条名贵的狗，知道“没有钱购买”只是她拒绝自己的一句托词。

于是，她微笑着说：“您这小狗真可爱，一看就知道是很名贵的狗。”

“没错呀！”女主人来了兴致。

“那您一定在这个狗宝宝身上花了不少的钱和精力吧？”玫琳·凯眼神带着崇拜地看着女主人。

“对呀，对呀……”女主人开始兴致勃勃地为玫琳·凯介绍她为这条狗所花费的钱和精力。

玫琳·凯非常专心地听着女主人的介绍。在一个非常适当的时机，她插了一句话：“太厉害了，能够为名贵的狗花费足够的钱和精力的人，一定不是普通阶层。就像这些化妆品，价钱比较贵，所以也不是一般人可以使用得上的，只有那些高收入、高档次的女士，才享用得起。”

果然，女主人很高兴地买下了一套化妆品。

玫琳·凯以“名贵的狗”为切入点打开了客户禁闭的心门，通过对于客户自傲的事加以赞美，给足了客户面子，让他产生优越感，进而有效地影响了对方。

美国迈阿密大学心理学教授莱乃特·安伽认为，追求快乐是人的基本心理需求，每个人都希望心情愉快。因此，如果你的话让对方感觉到了愉快，那么对方和你的谈话情境也会和谐起来。人性深处最深的渴望，就是渴望得到别人的恭维，恰当的恭维，给足客户面子是让客户心情愉悦的最快途径，销售员一旦抓住客户的这个软肋，成交自然水到渠成。

根据人际交往的深浅程度，心理学将人的“形象”分为三个层次：即对于那些只知其名未曾见面的人来说，一个人的形象主要与他的名字相关；对于初次相见只有一面之交的人来说，他的形象主要和其相貌、仪表、风度举止相关；对于那些相知相交很深的人来说，他的形象更多的是与他的品行、文化、才能有关。

根据这三个层次，销售员在给足客户面子时，可以从三方面入手：

（1）恭维客户的名字或者名声，比如，“早就听说你是××方面的专家”。

（2）恭维客户的外在特征，比如，“你的皮肤保养得这么好，真的看不出来你的年纪。”

（3）恭维客户的品行、才能，比如，“一句话搞定了这么大一个订单，也就你这种口才才能做到。”

3. 适时闭嘴，沉默处理价格异议

在销售过程中，当客户抱怨：“价格比去年高多了，怎么涨这么高！”销售员可以这样说：“是啊，价格比起前一年确实高了一些。”然后静等待客户的下文。

客户的反应会是怎样？有的客户清楚地知道，近年物价飞涨，原材料、人工等成本上涨不少，价格上涨是必然的并且是可以理解的。这时，他会撇开价格去关注合同的其他条款。有的客户这样说只是他的一个砍价技巧。看到销售员沉默，他会给出一个价格："你看降低 X 元，可以吗?"当他说出一个价格时，销售员就能准确地把握他的心理价位，然后给出应对之策。而一切的关键在于销售员适时的沉默。

在与客户对面交谈时，销售员通过适时的沉默，把更多的时间留给客户，看上去客户似乎是主动的意见发出者，而销售员是被动的接受者。但是，销售员在"听"中，有充足的时间，对客户真实的需求、疑虑进行准确的鉴别和判定，及时捕捉各种购买信号，慢慢地把握主动权。

在销售谈判中，有一个非常著名的钳子策略，它是一种非常有效的谈判策略。所谓钳子策略非常简单，无论对方是报价还是还价，你只需要说"对不起，你必须调整一下价格"，而它的神奇效果会让你大吃一惊。

在价格谈判过程中，销售员只需要提出你的报价，然后闭嘴，一个字也不要说了，对方很可能会立刻做出让步。这种策略被称为钳子策略，这种让步被称为"沉默成交"。因为，沉默可以有效削弱对方的气势，让对方陷入"是不是我提的真的过分了"的思维中，一旦他开口打破你的沉默，那你就成功了。

在使用沉默成交的过程中，最先打破沉默的人会第一时间丧失谈判桌上的掌控权。

有一位谈判专家讲了这样一个谈判桌上的故事：

"我曾经亲眼看过两位谈判者之间是怎样进行一场沉默成交的。

当时我们三个人围坐在一张圆形会议桌旁。我右边的那位甲想从左边那位乙那里购买一块不动产。甲提出了报价，然后就闭上了嘴巴。这时，乙一定在想：‘我简直不敢相信。这小子居然跟我来这手？看我怎么教训他。干脆我也不说话。’”

“于是，我就坐在两位意志坚定的谈判者中间，他们两个人都一言不发，一心等着对方先开口。房间里死一般地安静，只有墙角的老爷钟还在滴答滴答地响着。时间好像过了半个小时，当然，事实上可能只有5分钟。最后，甲这位更有经验者打破了僵局，只见他在一张纸上潦草地写下‘最终决定’，然后轻轻地把纸条推到桌子对面并故意把单词拼错。乙看了一眼纸条，连想都没想，就立刻说道：‘你把‘决定’给拼错了！’一旦开口，他就无法停下了，乙接着说：‘如果你无法接受我刚才的条件，我可以把价格再提高2000美元，这是最高价了，一分钱也不能再高了。’对方甚至还没有决定是否接受报价，他就已经主动调整了自己的报价。”

不过，对客户的异议沉默处理也要分情况，销售员需要确定以下6点：

（1）你的产品质量要绝对好。

（2）你对产品要有十足的信心。

（3）你的产品真正的是客户想要的。

（4）你的产品是客户真正需要的。

（5）客户是真正能买得起的。

（6）产品是客户迫切要用得到的。

如果没能做到以上几点，你还坚持沉默的话，定然会招致客户的反感——他会认为销售员不重视他，瞧不起他，在慢待他。这样，他就不会再给销售员任何推销机会了。

为保证沉默成交法能取得最佳效果，销售员可以掌握以下的程序：

（1）确定产品价格，提出让客户购买。

（2）保持面无表情，闭紧你的嘴巴。

（3）要想给客户增加一点压力，可以略微前倾，伸出一只手。

（4）直盯客户的眼。这个时候，客户一般会避免与你的目光接触，相反，他也许会看桌子和文件。

（5）保持一个轻松的、有信心的、友好的微笑，等待客户的回答。

4. 产品价格也可以先抬高再降低

价格是决定销售能否成功的关键因素。销售员肯定希望价格越高越好，可客户大多不愿意，扭头去找了更便宜的，这样销售就失败了；但如果销售员一味地让步，价格低了，客户满意了，但销售员不仅赚不到钱，很有可能还会赔钱，这样销售依然会失败。

那么，究竟该怎么把握价格的尺度，才能既让客户接受，又让销售员赚到不少的钱呢？

在实际销售过程中，只要不是明确表示“不砍价”或者明码标价的产品，客户一般很少有不砍价的，如果你允许客户还价，同时又想赚取高额利润，不妨巧妙利用一下心理学上的贝勃规律。

所谓贝勃规律，指当人经历强烈刺激后，再施予的刺激对他（她）来说也就变得微不足道。就心理感受来说，第一次大刺激能冲淡第二次的小刺激。比如，原本一元钱的公交费变成了十元，你一定会感到无法接受；而原本10000元的电脑涨了100元，你一定不会有什么大的反应。人们一开始受到的刺激越强，对以后的刺激也就越迟钝。

在销售过程中，销售员也可以利用贝勃定律，一开始把价格抬得很高，然后大幅减价，虽然减价后的价格仍旧偏高，但因为有了之前的刺激，客户也能很轻易地接受。

当听说李先生有购买保险的需求后，保险销售员刘伟第二天就登门拜访了。

双方简单沟通后，刘伟拿出了一个100万的保险合约。李先生当即就被这个数字吓得跳了起来："太贵了，我买不起。"

刘伟并没有因此退缩，便开始给李先生分析："你有两个小孩还未成年，你的父母还健在，你是家里的主要经济来源，你现在事业有成，正处于职业的上升期，保额达到100万是非常合理的。"

李先生对刘伟的解释表示认可，但态度也很坚决："100万的保额需要每年3000元的保险费，这对现在的我是一笔很大的投入，我实在是拿不出来。"

这时，刘伟提出建议："这样吧，我给你申请办分期付款，你只需每个月支付250元就可以了。我相信，你每个月吃饭、交际、交通的花费肯定远远大于250元，只要你注意节省一点，就能带给全家一个放心的保障。"

李先生想了想，的确如此，就爽快地签下了合约。

从100万到3000元，再到250元，总体价格上没有丝毫的变化，可在客户的心理上，有了100万的刺激，后面的250元就显得格外微不足道——从心理上，他很容易就能接受。试想，如果刘伟一开始就提出，每个月交250元，可以购买到100万保额的保险，李先生的第一反应肯定是这个价格是不是虚高呢？是不是有还价空间呢？这样的话，双方谈判就完全是另一种走向了。

《孙子兵法》云："求其上，得其中；求其中，得其下；求其下，必败。"意思是追求上等的，可以得到中等的；追求中等的，可以得到下等的；追求下等的，什么都得不到。在销售中，我们也有一条类似的"兵法"：你如果想达到100%，就要提出200%的要求，如果你提出100%的要求，那么，你最多能达到80%的满足。这是商业谈判中的一条铁律。

在销售过程中，销售员学会巧妙地使用贝勃规律，还要注意以下几点：

（1）在给客户第一次报价时，一定要在价格底线的基础上预留出足够的议价空间。

（2）给客户开出的心理落差很大的第二次报价一定要有足够的事实支撑，否则，会给客户留下一个不真诚的印象，那就得不偿失了。

（3）贝勃规律使用时，销售员一定要确保跟客户有一定的亲密度，否则，一张口开价，客户被吓跑了，那后面推进的也就没有任何意义。

5. 以“请先试用”引诱客户不再在意价格

心理学家认为，每个人都有一种心理，不愿被别人所改变，即便是自己错误的思想。我们试图改变别人，就好比下象棋一样，“将军”能否成功，关键在于猝不及防。高手总是在精心布局之中，不知不觉间置对方于死地。在销售中，小狗成交法就是搞定有这类心理客户的最佳良策。

小狗成交法来源于一个小故事：

一位妈妈带着小男孩来到一家宠物商店，小男孩非常喜欢一只小狗，但妈妈拒绝给他买，小男孩又哭又闹。

店主发现后就说：“如果你喜欢的话，就把这个小狗带回去吧，相处两三天再决定。如果你不喜欢，就把它带回来吧。”

几天之后，全家人都喜欢上了这只可爱的小狗。于是，妈妈来到了宠物商店付钱买下了这只小狗。

“你可以先结算，拿回家试用一下，三天后，不满意，你给我退回来，我把钱全部返还给你。”在销售过程中，销售员可以这样应用“小狗成交法”来促成客户下单。

对于客户来讲，他是非常不乐意做出从口袋里掏钱决策的。这时，销售员可以以“先行试用”为诱饵，消除他们的心理戒备。要知道，一个是是否购买的决策，一个是是否体验的决策，相比之下，客户对于第二个决策要容易接受得多，因为先试用，不满意 100%

全额退款，对他来说，是没有风险的。

有统计表明，如果准客户能够在实际承诺购买之前，先拥有该产品，交易的成功率将会大为增加。很多时候，试用之后，客户接受了产品，也就接受了价格。

汤姆是X光机器制造商，他曾利用“先行试用的小狗成交法”把X光设备卖给了纽约一家大医院。那家医院当时正在扩建，准备成立全美最好的X光科。杰克大夫负责X光科主要业务，饱受销售员骚扰，这使得他见到销售员都避之如蛇蝎。

与其他销售员不同，汤姆给杰克大夫发了一个邀请函，郑重地邀请他对公司最新研发的X光设备进行测试并提出改进建议。在邀请函中，汤姆特别强调：我知道您十分忙碌，我乐于在您指定的任何时候，派车去接送您。

接到邀请函，杰克很意外，也很欣喜——他从汤姆的字里行间感受到了一个厂商虚心求教的态度和对自己权威身份的认可。于是，虽然很忙，但他还是推掉了一个重要的约会，应约去看看汤姆口中的新设备。

汤姆热情地欢迎了杰克的来访。不过，他并没有对公司的产品多加介绍，而是直接让杰克进行试用。杰克高兴地按照说明指导一步步地操作着。他越来越发现，自己喜欢上那台机器了。

“我们作为纽约最好的医院怎能没有这款最好的机器呢!”杰克当即购买下那款品质优越的设备。

在直接推销行不通时，换一个角度，给客户试用的机会，让产品为自己代言，或许就能轻易切入客户的兴趣点，促使他与你达成交易。要知道，客户购买产品最直接的目的是追求产品所带来的利益，通过试用，客户能真切感受到产品所能产生的实际效益——这有助于客户正确认识产品的价值和价格，增强购买信心。

不过，销售员在应用先行试用的小狗成交法时，要注意以下几点：

（1）销售员与客户之间有一定的信任度，否则销售员不敢将产品交给客户试用，客户也不敢贸然接受试用的产品；

（2）这个产品有绝对的品质保证，并能满足客户的应用需求，否则，如果客户在试用中发现了很多问题而要求退货，那就非常尴尬了。

6. 先让客户看到"好处"

趋利避害是人的自然属性。在物质化的商业时代，人们做事的出发点越来越趋向于追逐自身利益。在销售中，我们可以引导客户关注价值，而不是价格，当你游说别人关注价值的时候，他们的第一个想法就是：你说这些对有什么益处？所以，当你希望最终落到"好处"之前，要先让对方看到"好处"。当他把你所说的价值在心理天平上衡量之后，觉得合算，自然就接受你的价格了。

口才大王卡耐基几乎每季均要在纽约的某家大旅馆租用大礼堂20个晚上，用以讲授社交训练课程。

有一季度，卡耐基刚开始授课时，忽然接到通知，对方突然加租，要他付比原来多三倍的租金。

接到通知的时候，入场券早已印好并发出去了，就等开课赚钱。这时候，要如何才能成功打消对方趁火打劫的念头呢？两天以后，卡耐基找到了旅馆经理。

“我接到您的通知时，有点震惊。”卡耐基说，“不过这不怪您。假如我处在您的地位，或许也会写出同样的通知。您是这家旅馆的经理，您的责任是让旅馆尽可能地多盈利。您不这么做的话，您的经理职位难得保住，也不应该保得住。假如您坚持要增加租金，那么让我们来合计一下，这样对您有利还是不利。”

对方说：“好。”

“先讲有利的一面。”卡耐基接着说，“大礼堂不出租给讲课的而是出租给办舞会、晚会的，那您可以获大利了。因为举行这类活动的时间不长，他们能一次付出很高的租金，比我这租金当然要多得多。租给我，显然您吃大亏了。”

对方为卡内基的体贴感到很欣慰。卡耐基又接着说：“现在，来考虑一下‘不利’的一面。首先，您增加我的租金，却是降低了收入。因为实际上等于您把我撵跑了。由于我付不起您所要的租金，我势必再找别的地方举办训练班。”

对方不语，但有些急。

“还有一件对您不利的事实。这个训练班将吸引成千的有文化、受过教育的中上层管理人员到您的旅馆来听课，对您来说，这难道不是起了不花钱的广告作用吗？事实上，假如您花5000元钱在报纸上登广告，您也不可能邀请这么多人亲自到您的旅馆来参观，可我的训练班给您邀请来了。这难道不合算吗？”

在告辞时，卡耐基不忘扔下一句：“请仔细考虑后再答复我。”

最后，当然是对方让步了。

在故事中，卡耐基没有就价格与旅馆经理讨价还价，而是从多个角度强调合作的价值，即该合作能给对方带来哪些实惠和利益，对方认识了合作的价值后，对合作的购买欲望就会越来越强，对价格的考虑就逐渐减少了。

在面对客户时，销售员总会有这样的体会：价格是个敏感的话题，一旦谈价议价，双方就很容易进入僵局。这时，销售员最好的方法就是多谈产品的价值，少谈产品的价格。

那么，销售员如何体现产品的价值呢？

（1）给客户分析产品性价比，比如包装、用料、性能等方面，让客户认为物有所值。如果是耐用品，还可以通过分析产品可以为客户带来的较大节省等，消除客户对于价格的敏感度。

（2）给客户强调产品背后的品牌保障，品牌意味着安全、信誉、实力、号召力，一般品牌越大，定价的空间就越大，这就是所谓的品牌溢价，客户如果对品牌信赖的话，会愿意为一个“放心品牌”买单的。

（3）给客户强调产品背后的高规格、标准化的服务，它也是削弱产品价格敏感度的方式之一，尤其是对服务要求比较高的产品，如家电等。

（4）向客户展示产品所蕴含的高科技，比如，产品所采用的领先或者进口技术，相比于竞争对手的较强的产品性能等，就可以让客户理解产品价格高一些的原因。

在具体操作中，销售员把客户关注点从价格引导到价值上，要把握以下技巧：

（1）适时处理。即针对客户有可能提出的异议或已经提出的异议在适当的时机做出正确的回答。

客户的异议决不应被忽视，通常应当即时解答异议。当客户提出异议时，应该有礼貌地听取并对异议做出正确的回答。如果不对异议立即做出回答，客户就很少能听得进别的了，甚至会对你的产品和服务心生怀疑。

（2）真诚倾听。销售员在聆听客户异议时要做到有感情、有表示、有行动的“三有原则”。不论客户说什么，都要全神贯注，认真倾听，让客户充分表达他的意见，千万不要打断客户的谈话。即使知道客户下一句要说什么，也不要试图打断客户。同时，销售员还要适时做出反应，给予客户巧妙的而非装腔作势的回答，以引导客户最终同意销售员的观点。

（3）问题引导。客户提出异议后，销售员可直接以询问的方式，向客户提出问题，引导客户在不知不觉中回答自己提出的异议，甚至否定自己，转而同意销售员的观点。销售员要妥善处理好客户的异议，必须明确客户异议的真正含义、真正原因。

在提问时，销售员不要急于求成，应由浅入深、循序渐进，并要随时注意观察客户的心理活动和表情，对客户难以启齿的问题或根本说不清的问题不要追问，以免冒犯客户。

（4）转折处理。销售员在对待客户异议时，可以先肯定客户的异议，然后再陈述自己的观点，以避免客户产生抵触情绪，使客户更容易接受销售员的观点。使用这种方法处理客户异议时，首先要表示对客户异议的认可，然后再用转折词，如“但是”“不”等。

销售员的工作就是通过实事求是地说服，使客户明白商品的价值高于（或等于）价格；需要向客户说明产品具有什么特征和功能，并指明产品具有什么利益能增加价值，激发客户内心的需求欲望。因此，销售员宜多谈价值，少谈价格；先谈价值，后谈价格；建设性报价，即报价的同时，主动地说明价值相关的材料。

7. 欲擒故纵，给客户心理施压

欲擒故纵是一种心理战略，诸葛亮七擒孟获，其根本就在于收服孟获的心，“擒”是目的，“纵”是方法。在价格谈判中，销售员与客户之间不仅仅是一场嘴上功夫的较量，也是一场心理战术的较量。销售高手都擅长用得当的语言给客户心理施加一定的压力，欲擒故纵、步步为营，最后使交易圆满完成。

需要强调的是，对客户施加心理压力并不是强迫客户购买，而是用一种心理战术，使客户无形中感到一种力量，这种压力是他们自己产生的，而他们感觉不出来这种压力是销售员制造的。

房产业务员小李带着客户张氏夫妇一起去看一幢房产。夫妻俩对房子周围的环境和内部设计都十分满意。张先生想直接签下来，可张太太抱着货比三家的心理，想再多看几家。小李看出了双方的企图。为了调动他们的需求，他故意说：“这幢房产的主人急着出国，所以给出的卖价在这一块是最低的。不过，我看他其实有点心疼的，不知道过两天会不会改变主意。你们这个时候入手真的是非常实惠。另外，我昨天还带另一对夫妇来看过这个房子。他们对房子也很感兴趣，也是想再考虑考虑。今天下午，还有另外一位客户可能也要来看一下。所以，我建议你们如果各方面都满意的话，尽快下手，几个小时的犹豫很有可能让你们跟这样性价比高的房子失之交臂。”

张氏夫妇听了这番话，心里肯定会有疑虑，但这个房子各方面条件实在是太诱人了，再加上张先生不想再逛了，而张太太担心错失这个房子的话会招致张先生埋怨，所以两人简单地商量了一下，当即就签了合同。

小李说了什么？他只是在提建议和摆事实，没有任何强迫的语言，但无形中却给客户造成了压迫感，促使他们及时做出购买决策。他使用的就是欲擒故纵的心理战略。

不过，在销售员使用欲擒故纵的心理战略时，一定要保证客户对产品已经非常动心，否则，当客户感觉到心理压力时，他非但不会主动成交，反而会被吓跑。如果客户对产品足够动心的话，你给予的压力越强，他受你的影响就会越深。

在收藏品市场上，迈克在兜售三个珍贵的花瓶，这三个花瓶是一个系列，做工非常精细，是难得一见的真品，乔治看到了，通过一番仔细观察，他很快认定这三个花瓶很有收藏价值，经过一段时间的收藏肯定会涨价，自己能从中大赚一把。就是不转手卖，放在自己的收藏间里，对自己的收藏间也会增色不少。不过，他脸上却不动声色。

乔治看似随意地问迈克：“先生，你这花瓶怎么卖?”迈克是混迹收藏市场的高手，他反问：“你是只买一个，还是三个都买?”乔治没有直面回答：“三幅都买什么价？只买一副什么价?”迈克略一沉吟，显得很为难的开出了报价："你真想买的话，我就便宜点全卖给你，三个9千美元，怎么样?""你这价太高了，你得便宜点。"乔治摆出一副讨价还价的姿态。这时，迈克没有纠结价格而是拿起一个花瓶狠狠地摔到了地上，"现在两个一起卖，卖1万美元。"乔治看着一地的碎片心疼不已，对迈克也是又气又恨："你怎么能摔掉一个呢？这样就不能成为完整的系列了。你怎么还能加价呢，你太过分了！你必须给我降价!"不料，迈克并不理会他，他又拿起一个花瓶狠狠地摔到了地上："现在只剩一个了，卖1.5万美元。"乔治看着迈克一脸的坚定，再也不敢讨价还价了，连忙掏钱买下了仅有的一个花瓶。

心理学家蔡戈尼做了一个实验：将受试者分为甲乙两组，同时演算相同的数学题。其间让甲组顺利演算完毕，而一组演算中途，突然下令停止。然后让两组分别回忆演算的题目，乙组明显优于甲组。这种未完成的不爽深刻的留存于乙组人的记忆中，久搁不下。而那些已完成的人，"完成欲"得到了满足，便轻松地忘记了任务。这一现象被称为蔡戈尼效应，它指的是，很多人有与生俱来的完成欲。要做的事一日不完结，一日不得解脱。

当客户购买某件产品或者服务时，有两个动机，一是从中获得某种实惠，或者给自己带来某种方便和快捷，另一个是获得一定的心理上的满足。当销售员发现客户对产品或服务已经动心时，可以通过提醒客户"即将失去"它，"欲购从速"，受蔡戈尼效应的影响，如果客户没有买到这个产品或服务，他会对此耿耿于怀，念念不忘，在这种心理压力下，他会快速地做出购买决策。

在向客户推销商品或者与客户进行谈判时，销售员往往处于被动地位，很多时候，任凭销售员磨破嘴皮子说尽产品的好处，客户依然不心动。即使客户对产品动了心，想要购买，还是会提出各种异议进行讨价还价，这个时候，销售员巧妙地使用欲擒故纵的心理战略将能收到立竿见影的效果。

不过，销售员要注意的是，给客户施加心理压力，整个过程必须小心行事，要做好充足的准备，对客户要有足够的把握，在交谈的过程中，恰到好处的改变当时的气氛，如果这个过程中有一步走错，可能是满盘皆输，买卖自然做不成。

8. 请君入瓮，让客户自己出价

唐朝女皇武则天当政时，为了镇压反对她的人，任用了一批酷吏。这批酷吏当中周兴和来俊臣两人最为狠毒。他们利用诬陷、控告和惨无人道的刑法，杀害了许多正直的文武官吏和平民百姓。

有一回，一封告密信送到武则天手里，内容竟是告发周兴与人联络谋反。武则天大怒，责令来俊臣严查此事，而周兴还蒙在鼓里。

有一天，两人一起吃饭时，来俊臣“请教”周兴：“犯人如果不肯认罪怎么办?”

周兴阴笑着说：“这个好办！你找一个大瓮，四周用炭火烤热，再让犯人进到瓮里，你想想，还有什么犯人不招供呢?”

来俊臣连连点头称是，随即命人抬来一口大瓮，按周兴说的那样，在四周点上炭火，然后回头对周兴说：“宫里有人密告你谋反，上边命我严查。对不起，现在就请你自己钻进瓮里吧！”

这便是请君入瓮这个故事的由来。

作为一条成语，它用以“比喻拿某人惩治别人的法子来惩治他自己”。在销售工作中，我们也可以把这种技巧灵活运用在各个方面，让客户自己出价，让客户自己说服自己购买，往往可以取得出奇制胜的效果。

乔治想买一辆二手汽车，汽车销售员杰克带着他看了一辆又一辆的汽车，可乔治总有这样那样的问题，这不适合，那不好用，这个价格又太高，那个便宜没好货。

杰克向推销大师请教这种客户应该如何说服。推销大师给出解决办法：对于难缠的客户，你应该停止向他推销，而让他自动购买。

取经回来后，杰克打了电话给乔治：“经过与你这段时间的接触，我觉得你是一个很精明的买主，对汽车的品牌、性能、价格都非常精通，我这有一辆车，能不能请你帮我评估一下它的价格。”乔治很爽快地答应了。

第二天，他开着杰克给它评估的车子在路上转了一圈又一圈。刹车、底盘、发动机、安全设置，他把这辆车摸了一个遍，然后对杰克说：“这辆车的整体性能非常好，综合衡量它的品牌跟性能，如果能以20万拿下来，那就非常合适了。”

杰克一听，乔治开出的价格比公司给出的底价还要高一点，于是就顺势问他：“如果将它以20万卖给你，你愿意买它吗？”乔治本来对这辆车子就有点爱不释手了，价格又正好是自己的心理价，就痛快地签单了。

将欲取之，必先予之；将欲夺之，必固与之。想要从客户手里取得订单，销售员不如先将产品放到客户手中，让他尝到一点甜头，引导他自己开价。客户在放松警惕、消除戒心的情况下，开出的价格，一般都会是销售员能接受的价格，也是客户心目中的价格。这样进行的销售沟通，价格异议就会非常的少了。

心理学认为，每个人都有自己固定的认知范围，销售员企图通过说服工作来改变客户的固有认知是非常困难的。这个时候，我们不妨让客户自己来说服自己，通过巧妙的引导，让客户自己找到非买不可的理由，当他形成这个认知时，价格问题就不再是问题，成交也就自然而然了。

第七章

巧妙“降伏”，催促客户签订单

大多数情况下，客户不会轻易主动提出成交，哪怕客户的“芳心”已动，这就需要销售员能准确把握客户的成交信号，然后及时“踢出临门一脚”。做到快、狠、准，使用一些逼单技巧，促成客户签单。

1. 抓住客户“不好意思拒绝”的心理

北京某公司研发一款燕麦饮料。销售员黄萍去一家公司进行推销。

黄萍拿出两罐燕麦饮料，怯生生地说：“你好，这是我们刚研发的一款新产品，市面上完全没有，刘总您看贵公司能不能考虑团购一下呢?”

刘总打量了一眼黄萍，正准备回绝的时候，被秘书叫过去接电话，就礼貌性地说两句：“请稍等。”

结果，等刘总打完电话并开完会议之后，才发现“死心眼”的黄萍，还在他办公室门外“稍等”，此时已经过了几个小时。

刘总看着真诚而笨拙的黄萍，实在拒绝不下去，就答应了团购的请求。

心理学指出，一般人很难拉下脸来拒绝别人的要求，尤其是对方对自己非常热情、非常谦恭的时候。心理学上称这种“不好意思”为“不确定的情绪”，这种“不确定的情绪”最容易被他人操纵，最终做出被动的选择。销售员在催促客户下订单时，需要利用好对方的“不确定的情绪”。

根据西方商业销售的统计显示：利用“上帝”的“不好意思”

心理而成功推销的产品，占到销售总量的三成以上。也就是说，在人们购买商品时，其中百分之三十的成交量，是人们“不好意思”的心理在起作用，而不一定是真的对那件商品感兴趣。

有经验的销售员深谙这一点，在和客户“谈判”时，善于将客户置于“不好意思”的境地，“迫使”客户当场下决定。因为客户的心理，面对别人的询问，一般人很难直接拒绝对方。现在，商家大多利用人的不好意思拒绝别人的心理赚了客户的钱。

“不好意思”的理论在西方已经被商业界人士广泛地掌握。精明的销售主管总是这样教诲自己的小兵：我们要赚的就是客户“不好意思”的钱。

在实际的现场销售中，要想利用好“不好意思”拒绝心理促使其下决定，有一个诀窍就是设计好完全对自己有利的二选一问题，也就是说，无论他选择 A 还是 B，都在你的销售内容之中，都不妨碍你完成一笔生意。

有经验的销售人员深谙这一点，在和客户“谈判”的时候，善于将客户置于“不好意思”的境地，“迫使”客户当场下决定。

这样的案例，我们在生活中很容易遇到，不是吗？在菜市场、杂货市场和早餐店，不是经常被各种“不好意思”吗？

有一家夫妻店，早上除了经营馄饨、豆浆、油条、米粥之外，还卖茶鸡蛋。每次在客人点完之后，老板娘总是笑着不经意地问一句：“要加一个蛋，还是两个蛋呢？”面对老板娘的热情，大方一点的客人会随口回答：“两个。”小气一点的也会忍不住应声：“一个。”别小看这一句问话，一天下来，这家夫妻店的收入比别家高了不少。

如果在完成一单买卖交易之后，你加一句这样的反问——“这是不是很适合您的品位?”“像您这样尊贵的人不应该……吗?”，那就把客户的“不好意思”利用得更彻底了。

因此，在客户犹豫不决时，销售员不妨厚黑一点，利用对方“不好意思”拒绝的心理，促使他当场下决定，甚至在成交之后，还可以继续利用一下他的“不好意思”，“得寸进尺”地提出自己的请求。

2. 利用客户“不好意思反悔”的心理

一些电话募捐者发现了争取募捐的技巧。电话接通后，他们在步入正题之前都会看似随意地询问一下募捐对象的健康状况或是目前处于何种状态。他们会说：“您好，你最近好吗?”或者“您今天感觉怎么样?”这样的开场白，不仅是体现了自己对募捐对象的关心，更重要的是，得到了募捐对象“我很好”的回应。接下来，募捐者会说：“听到这些我感到很高兴，我给你们打电话的目的，其实是想请你们给那些需要帮助的人捐一点钱……”

之前募捐对象“我很好”的答案就相当于做出了“我有能力帮助别人”的承诺，当募捐者提出要求时，募捐对象如果拒绝的话，会显得自己十分吝啬。他们从内心深处会尽可能地完成自己“我很好”“我有能力帮助别人”的承诺，这使得募捐者对象答应募捐的比率大大提高。

这里用到的就是心理学中的承诺和一致原理——当我们决定了一件事情之后，或做出了某种承诺以后，我们随后的行为就会自觉不自觉地按照决定好的方向来进行。销售员如果能把这一原理灵活地应用于说服过程中，首先引诱客户采取某种行动，或者是做出某种承诺，然后再利用他们要与过去的行动和承诺保持一致的心理压力，让他们答应你的要求，就能很容易促成成交。

某家出版社有一套《十万个为什么》，彩色精装，定价不菲。为了更好地销售这套书，出版社招聘了直销员，并开出了一个推销条款：在客户购买后前 15 天，在保证图书质量完好的情况下，如果客户觉得这套书不合意，那么他有权利要求全额退款。

一开始，在客户 15 天冷静期内的退货率高达 70%。后来，出版社请推销大师对直销员们做了一次培训。之后，他们的退货率降到了 25%。

推销大师给直销员们提出了怎样的妙招呢？

很简单，直销大师要求直销员在客户决定购买之后，向客户提出两个问题：

（1）通过我刚才的介绍，您真的认为这套书对你的孩子有所帮助吗？

（2）在未来的几个月内，你会坚持从书中找到符合孩子兴趣的知识点，并为其讲解吗？

在客户做出购买决定之前，直销员都会对客户就图书的内容、作用、使用方法做出非常详尽的讲解。因此，对于这两个问题，客户大都会做出肯定的回答。

通过这两个问题，直销员得到了客户的承诺——一方面，他肯定了书的价值，在接下来的时间里，他就不会随便地推翻自己的这个肯定；另一方面，他答应了会坚持使用图书，直到孩子养成主动阅读的习惯，他使用了，短短的15天内自然就不会退货。

消费者都有这样的心理，一旦对自己或他人做出了承诺，就会在以后与此保持一致，以证明自己以前的决策是正确的，因而他会固执地坚持下去。销售员利用这种心理，在一些承诺问题上引导客户。客户做出了承诺，对购买决策做出了肯定，自然就会坚持下去。这一方法结合免费试用策略，可以大大提高成交率，单独使用，也能有效降低退货率。

在实际销售中，销售员可以以从小到大的方式引诱消费者做出成交承诺，进而促成更大的成交。在这个过程中，销售员要注意，客户的这个承诺必须是积极的、公开的、经过努力做出的、做出的过程是自由的，这样能避免客户产生被胁迫的感觉。

另外，销售员可以适当地给客户以赞美，给他们塑造一个信守承诺的自我形象。有了这样的形象定位，客户更加的不会随便打破承诺，进而破坏自己的美好形象。

3. 用假设成交法治“随便看看”

在销售工作中，假设成交法是减少客户异议、促进成交的常用办法。这种方法很简单，是一种销售员假定客户决定购买商品而展开推销努力的成交法。

心理学上有一个墨菲定律，它指的是事情如果有变坏的可能，不管这种可能性有多小，它总会发生。这个定律来源于一个叫墨菲的空军上尉。

墨菲有一个经常会遇到倒霉事的同事。有一天，墨菲开玩笑说："如果一件事情有可能被弄糟，让他去做就一定会弄糟。"比如，你去排队买东西，窗口前有几条相同长度的队伍，最终你所加入的队伍往往是最慢的。

在销售中，墨菲定律也有一定的体现：当销售员接待一个客户时，在销售员心目中，这个客户可能看看就走，也可能会购买你的产品，那么，他最后一定会看看就走。销售员会认为，自己的猜测最终得到了印证。殊不知，很多时候，客户的行为恰是销售员潜意识引导的结果。因此，销售员不妨使用假设成交法，假定客户已经决定购买商品了，很可能将会谈直接带入实质性阶段。

张镇在等飞机的时候，随意走进了机场购物广场的一家西装店。

售货小姐看到他后，迎了进来："先生您要穿休闲的，还是正式的西服款式?"

张镇特意走开一点："我随便看看。"

售货小姐不远不近地跟着他："先生，您随便看。我看您都在看正式的西服，您喜欢黑色、蓝色，还是灰色?"

售货小姐这里使用的就是假定成交法，不管张镇回答任意一个，都可能会促进成交。

对此，张镇很谨慎："我就随便看看。"

售货小姐又进一步说："先生，我看您都在看黑色的西服，您喜欢双排扣还是单排扣，我替您去拿来试一试。"

双排扣还是单排扣？又是一个假定成交的尝试。

这次，张镇沉默以对。售货小姐话锋又一转："先生，您做什么行业的?”

张镇忍不住回答说:“我做外贸的。”

“先生,您真的很有眼光,黑色西服特别适合您这种身份。这里有一套特别适合您,是两粒扣子的,就是不知道有没有您的尺码。我去找一下,您试穿一下吧!”

不等张镇回答,售货小姐就走到柜台旁翻找起来,边找边看似随意地问:“先生,您穿多大码?175还是180。”

“175。”张镇回答,当他给出这个答案的时候,后面事情的发展就再也不受他的控制了。

“先生,您穿这件真的很合身,腰围这样合适吗?裤脚稍微有点长,让裁缝给您修一下吧!”

“先生,现在这件衣服正好在做活动,原价3800元,现在只需2800元,您需要开发票吗?”

“先生,这是您的缴费单,前面左转收银台交款。我帮您把衣服打包起来。”

十分钟后,张镇拿着包装好的衣服走出西装店,心里很纳闷:自己只是等飞机无聊,想随便转转,怎么就花2800元买了一套西装呢?!

这就是假定成交法的魅力。它不谈及双方敏感的是否购买这一话题,以暗度陈仓的方式,自然跨越敏感的成交决定环节,有效促使客户做出决定。

“假设成交”法是一种积极并行之有效的销售方法,它能有效节省推销时间,提高推销的效率!资深的销售员都不会像入行新手一样,到了要签单时才假定这笔生意会成功,而是在每次谈判中,都一遍一遍地假定客户会成交，当客户也开始假定他将要购买你的产品时，下面的说服工作就非常简单了。

“您希望我们的工程师什么时候给您上门安装？”

“您觉得什么样的价格合理呢？您出个价。”

“请问您买几件？”

“我们把这次公开课安排在下个星期五和星期六两天，您哪天可以派几个人过来呢？”

这些是假定成交的正确说法。

需要注意的是，对于较为熟悉的老客户或个性随和，依赖性强的客户，可以用“假设成交”法，而对于自我意识很强的，过于自信或自以为是的客户，就不适合采用这种方法了。

除此之外，我们在运用“假设成交”法时，要注意研究或观察客户购买的心理变化，进而准确捕捉客户成交的信号，及时给客户一种强烈的心理暗示，使客户对产品产生越来越浓厚的兴趣，进而促成交易！

当然，销售员在使用假定成交法时，一定要对自己和自己所销售的产品充满信心，你的这种自信的表现会让客户捕捉到，进而影响到他的购买决策。

4. 用富兰克林成交法治“我再看看”

有这样一个故事：

大学教授、哲学家布里丹养了一头小毛驴。他每天都要向附近的农民买一些草料。

一天，出于对哲学家的景仰，送草的农民额外多送了一堆草料放在旁边。这一下子，毛驴站在两堆数量、质量和它距离完全相等的干草之间为难坏了。它虽然享有充分的自由选择权，但由于两堆干草价值相等，客观上无法分辨优劣。于是，它左看看，右瞅瞅，始终无法分清究竟选择哪一堆好。

于是，这头毛驴站在原地，一会儿考虑数量，一会儿考虑质量，一会儿分析颜色，一会儿分析新鲜度，犹犹豫豫，来来回回，在无所适从中活活地饿死了。

这就是布里丹毛驴效应的来源，它指人们在决策过程中犹豫不定、迟疑不决的现象。

“我再想想”“我再看看”“我再转转”，在销售过程中，我们经常会遇到犹豫不决的客户。他们对产品动心了，但迟迟做不了购买决策，比较来比较去，看了一遍又一遍——不买吧，他们心有不舍，买吧，他们又会有各种各样的担心。对于这类客户，销售员使用富兰克林成交法就非常有效。

富兰克林成交法是全世界最有名的促成成交的技巧，它来源于美国著名政治家富兰克林。

富兰克林是美国独立战争时重要的领导人之一。他一生做了很多影响美国历史走向的重大决定。在他下决定时，他习惯在白纸中间画一条线，然后在左边写下要做那件事的理由，在右边写下不要做那件事的理由。写完之后，他将两边进行对比——如果做的理由多，他就采取行动，如果不做的理由多，他就放弃。

富兰克林成交法又被称为理性分析成交法，这种方法鼓励潜在客户去全面考虑事情的正反面，帮助客户做出是否购买的正确选择。很多销售员巧妙利用此方法促成了客户下订单。

日本汽车推销之神奥诚良治曾连续16年成为日产汽车公司的推销冠军。他的成交秘诀在于他手里的一个神秘小本子。那个小本子里详细列出了客户购买此种汽车的优点及不购买的原因整整100条。这让奥诚良治在与客户打交道时胸有成竹。当遇到客户犹豫不决时，他能根据客户的具体情况有针对地列出详细的购买优点，引导客户做出购买决策。

事实上，不仅销售汽车如此，销售其他产品，当遇到客户犹豫不决时，销售员也可以这样做。在一张纸中央画一条线，画出两栏，呈“T”字形，一边写下赞成的理由，一边写下反对的理由，然后销售员执笔，在赞成的理由下面，以1、2、3、4……开头，列出那些客户非买不可的理由。首先，销售员写下产品最吸引人的特色，并强调产品特色会为客户带来的功效；接着写产品第二项特色，并再度强调这项特色的功效；只要客户点头，就继续往下写第三项，如此反复操作，直到在纸上写满10个以上赞成理由。写完这些，销售员可以将笔递给客户，让他写下不买的理由。客户可能会说：价格太贵、不是特别需要……这个过程可能比较漫长，因为客户要认真考虑。不过，销售员要有耐心，保持沉默，让客户自己去想他有哪些反对理由。一般来说，大部分客户只能想到两三个理由。这样，左边右边比较的结果非常明显。这时，销售员要及时对他说：“答案已经很明显了。这是合同样本，你在这里签上名字就可以了。”

当然，在使用富兰克林成交法时，销售员要掌握一定技巧，即

最好由自己来写肯定，客户来写否定，这样更便于客户进行利弊比较，说服力强。不可否认，这一购买决策存在缺点，

但销售员要尽力以足够的优点来淡化缺点——当客户发现购买产品的优点多于缺点时，自然就会做出购买决策。

这一点，销售员不要过于担忧，因为在这个过程中，销售员是占尽优势的，在时间和信息有限情况下，客户不可能突然想出太多的否定因素。

富兰克林成交法的这种理性分析交易看似繁杂，其实是有效打动客户心的方法，尤其适合于果断型和分析型的客户，因为这符合他们强调理性的特点；也适合于已有多次接触，彼此间建立了一些人际关系的客户，因为这能让客户更容易坚定购买决心。

5. 客户购买信号出现时，你要果断出击

美国著名作家马克·吐温有一次在教堂听牧师演讲。

最初，他觉得牧师讲得很好，令人感动，准备捐款；过了 10 分钟，牧师还没有讲完，他有些不耐烦，决定只捐一些零钱；又过了 10 分钟，牧师还没有讲完，他就决定 1 分钱也不捐。到牧师结束冗长的演讲开始募捐时，马克·吐温因非常气愤，不仅未捐钱，还从盘子里偷了 2 元钱。

这个故事背后是心理学中的超限效应，指刺激过多、过强或作用时间过久，从而引起心理极不耐烦或逆反的心理现象。在销售谈

判中，最为可惜的就是，客户已经透露出成交的信号，可销售员没有抓住，而是持续着不断推销，最终招致客户腻烦而放弃了签单。

某顶级保险推销员在刚开始推销时就曾经有这样的失败教训。

经过一番介绍后，保户有了购买保险的意向。这时，销售员说："您如此年轻，就做上了老板，真了不起呀，在我们日本不太多见。能请教一下，您是多少岁开始工作吗？"

"17 岁。"

"17 岁！天哪，太了不起了！这个年龄时，很多人还在父母面前撒娇呢！"

对方听到这话，很开心，掏出了签字的钢笔。这时，销售员却继续说："那您什么时候开始当老板呢？"

"两年前。"对方有点不耐烦了。

"哇，才做了两年老板就已经有如此气度，一般人还真培养不出来。对了，你怎么这么早就出来工作了呢？"销售员没注意到对方的情绪，继续追问道。

"因为家里只有我和妹妹，家里穷，为了能让妹妹上学，我就出来干活了。"对方有点支支吾吾了。

"你妹妹也很了不起呀，你们都很了不起呀！"听到这，对方放下了手里的钢笔，叫来秘书送客，他向销售员表示自己有紧急工作要做。

这位老板本来已经打算买保险的，结果不买了，原因何在？在他准备结束这次会面时，销售员却以干巴巴的赞美之词对他穷追不舍，让他不耐烦了，最终改变了购买决策。

在销售谈判中，销售的最终目标是签单成交，可很多销售员却由于没能准确把握成交的时机而最终与成交无缘；还有一部分销售员不注意与客户成交时的一些细节，客户最终放弃成交。

在销售过程中，什么时候是最佳成交时机呢？销售员要关注以下两种信号：

（1）客户购买的语言信号。当客户集中在一个产品上再三询问时，说明他开始想购买了；当客户征求同伴的意见时，说明他已经想购买只是自己拿不定主意而已；当客户讨价还价时，说明已经有购买的想法了，只是想更便宜点；当开始询问售后服务时，说明他们已经准备掏钱包了，只是想最后确定一下。

（2）购买的行为信号。当听完介绍不再发问时，说明他可能在设想产品使用的情景；客户非常注意导购员的言行，不住地点头时，说明他对产品非常认可；不停地观察或操作产品时，说明他在最后打消自己购买的疑虑；东摸西看观察产品有无瑕疵时，说明他在掏钱包前做最后的确认。

观察到购买信号出现后，销售员要及时促使客户早点成交。在这个阶段，销售员一定要把握几个原则：

（1）不要再向客户介绍新的产品，一旦发现客户的购买信号就不要介绍新产品，以免产生怀疑的心理。

（2）逐步缩小选择商品的范围，规范客户的选择，当客户想要购买产品时，最好要把他选择的产品定格在1-2款产品上，以免搞得客户犹豫不决。

（3）确定客户最喜欢的产品。销售员心里要有一杆秤，哪个是客户最喜欢的产品，然后重点推销，这样容易得到客户的认可，一般来说客户注视时间最长、触摸次数最多、询问次数最多的、挑剔次数最多的产品就是客户最喜欢的产品。

（4）针对客户最喜欢的产品，销售员要集中介绍产品的卖点，特别是抓住产品本身特有的，与众不同的特点，然后给客户分析这个特点的好处，以及会给客户带来什么好处，促使客户做出最后的购买决定。

（5）做出适当的让步，有些客户也不是购买不起产品，总是觉得希望能在价格上优惠点，求个心理平衡，面对这样的客户可以在卖场的政策和公司的政策允许范围内做出适当的让步促使成交。

6. 利用“逆反心”激将客户成交

激将法，是利用别人的自尊心和逆反心理，以“刺激”的方式，激起不服输情绪，将其潜能发挥出来，从而得到不同寻常的说服效果。

保险销售人员小李在向一个客户销售保险时，客户对保险产品的情况了解以后，却迟迟不愿意签单购买保险。对此，小李决定采用激将法，他说：“现在，很多负责任的先生都会给自己的妻子和儿女买保险。因为他们觉得关爱自己的妻子和儿女是自己最大的光荣和责任，为妻子和儿女买保险是对他们无限关爱的一种方式。尤其是人身安全保险，它不仅是一种投资，而且体现了一位丈夫对妻子的关爱和呵护，一位父亲对子女的无限挚爱。我遇到了很多先生为他们的妻子和儿女买保险时，都是毫不犹豫地签单。像您这样犹犹豫豫的，我见得比较少……”

客户是一位优秀的丈夫、称职的爸爸，听了小李的话，便说：“那就买两份保险吧，反正为了他们也不在乎两份保险的钱……”就这样，小李很快解除了客户的犹豫，缩短了整个成交阶段的时间，获得了客户的签单。

不过，在使用激将法时，销售员要注意把握客户的心理，有些客户适合激将法，有些则不适合。适合使用激将法的客户具有这样的特征：具有较强的自尊心、虚荣心和好胜心；年纪比较轻；性格比较争强好胜；注重衣着打扮；平时比较受人尊重，很爱面子。而那些年纪比较大、为人冷静平和的客户则不容易激将。在促成订单时，销售员要根据具体的客户对象决定是否使用激将法，切忌盲目使用激将法，因为对于不适合激将的对象采用激将法，不仅不能起效果，甚至有可能把一桩很有希望的生意逼进死胡同。

激将法最大的缺陷就是把握不好，有可能激发的不是自尊心，而是怒气，不但破坏了成交气氛，也可能使客户拂袖而去，失去了成交的机会。若这种方法使用得当的话，不但不会伤害对方的自尊心，还会让客户在购买中获得自尊和虚荣感上的满足。

在某商场里，一对外商夫妇对一只标价 8 万元的翡翠戒指很感兴趣。售货员作了些介绍后说：“某国总统夫人也曾对它爱不释手，只因价钱太贵，没买。”这对夫妇听后，欣然买下，然后高兴地离开了。对于这对夫妇，他们的购买动机不是“实惠”而是“炫耀”，销售员的激将法恰恰满足了他们的这种心态，“我比总统夫人更阔气”的虚荣感带给他们的喜悦远远超过戒指本身的价值。

在运用激将成交法时，销售员切忌逼迫客户。销售员不应该向客户提出这样的问题：“您下定决心了吗？”“您是买还是不买？”尽管已经看到产品的好处和购买的利益，仍有不少客户受自尊心的驱使，不愿意就此放弃原有立场，如果推销一方要这些客户马上回答上述那些问题，客户必然感到难堪，导致成交困难。

销售员运用激将成交法要有分寸。做事一定要注意火候，过犹不及。掌握好分寸就是要求销售员不能使用不痛不痒的语言，言辞也不要过于尖刻。

除此之外，激将法是人们比较了解、接触得比较多的常用计谋，在使用激将法时也容易被对方看穿。在使用激将法促成订单时，销售员一定要注意态度和表情自然，否则，就容易让客户看出来在“激”他，从而产生逆反心理，最终导致无法成交。

7. 引蛇出洞，故意出错引诱客户签单

成交技巧中有一个叫大脚趾成交法，又称故意出错成交法，它指的是在与客户进行成交谈判过程中，销售员有意通过犯一些错误，比如念错字、用错词语，或把价格报错等种种示错方法，诱导客户表态，然后销售员再借题发挥，最后达到目的。

销售员使用大脚趾成交法，可以试探出客户是否真心购买，因为如果客户不真心购买，那么对价格不会太过敏感；也可以通过价格出错的方式无形中给客户造成了一定的心理压力，加快

成交。

一位客户在衣服前驻足，看在眼里的店主前来搭话：“看得出你是诚心来买的，这件衣服很合你的意，是不是？”

察觉到客户无任何反对意见时，她又会继续说：“这衣服标价200元，对你优惠，180元。”

对方没有表态，店主又说：“看你很有诚心，我也想开个张，保本卖给你，150元好了。”

见客户犹豫不决，店主就接着说：“好啦，你不要对别人说，我就以170元卖给你。”

早已留心的客户此时接话了：“你刚才不是说卖150元吗？怎么说变就变了呢？”

此时，店主装作糊涂的样子说：“是吗？我刚才说了这个价吗？啊，这个价我可没什么赚啦。”

然后，他故作心痛地说：“好吧，就算是我错了，不过人总得讲个信用，除了你以外，不会再有这个价了，你也不要告诉别人，150元，你拿去好了！”

生意就这么成交了。

在历史武侠小说中，“回马枪”是高手们的必杀技，这项技能使用在两骑交锋中，一骑假装失败落跑；另一骑在后面追，跑的人在跑的同时回头1枪，把追的那人杀落马下。这项技能的要诀在于“出其不意”，前面的人骑马假装失败，骑马逃跑，敌人放松了警惕，再回头一击，后面的人猝不及防，就被刺杀于马上。

先放松对方警惕，引诱对方上当，进而达到了自己目的。大脚趾成交法的功效就是如此之妙。《博恩·崔西的成交术》一书中，博恩·崔西提出了一个反退为进成交法，也有着与之异曲同工的效果。

反退为进成交法适用于当客户听完销售员的介绍，说出“我再想一想”时，销售员可以说：“好的，谢谢您花时间听我介绍产品。希望下次有机会再拜访您。”客户听到你这么说，他会因为对话结束，身上的压力立刻消失了，其防御心会大大降低，就像拳击手在每个回合的结束铃响时，总是会放下拳头，解除防御一样。接下来，销售员转身离开，就在手碰到门把手的那一刻，装作不经意的转身问客户：“在我离开之前，可不可以请教您一下，您最后决定不买的理由到底是什么？”这时，客户一般会不设防地告诉销售员：“既然你问了，那我就告诉你，其实我是因为……”这时，他说出的才是他心中真正的疑问。知道他拒绝的真正理由了，销售员就有机会扭转僵局、反败为胜了。这时，销售员可以说：“谢谢您告诉我，是我不对，我没有仔细说明这个部分，再耽误你一分钟的时间，请容我再说明一下。”通过有针对性的解答，客户的戒心会完全解除。两分钟前，看似告吹的订单，很可能就因此起死回生。

销售中，我们经常会遇到这样的情况，我们已经掌握了足以制服对手的有力证据，但却因为时机不成熟或环境不适宜，不方便马上抛出。这时就需要采取一些措施，引诱对手进入自己所需的时机或环境之中，然后再一举击溃。整个过程下来，订单自然会顺利到手。

8. 利用额外优惠满足“客户的贪婪”

“我们这段时间有一个促销活动，如果您现在购买我们的产品，我们可以给您提供免费培训，还有三年免费维修。”

“我们公司有一次付款在价格上优惠6%的规定，如果贵单位有一次支付能力的话，最好是一次支付全部货款。”

“这批产品质量不错，你们应多订些，超过一千件，我给您打九折。”

在销售行为中，你经常会用到上面这些话术。从销售技巧来讲，这用的都是优惠成交法。

优惠成交法是销售员通过提供优惠的交易条件来促成交易的方法。它利用客户在购买商品时，希望获得更大利益的贪婪心理，实行让利销售，促成交易。

优惠成交法是吸引大客户、扩大产品影响的好办法，使用优惠成交法可以较快结束推销并达成交易协定，可以在短时间内推销一些不容易推销的产品以加快资金回笼。它主要适用于“求和”心切而又是在同行购买者中有影响的客户；在时间上，适用于以大批量生产降低成本的产品的推销，以及同竞争对手争夺客户的特别时期；适用于推销一些季节性消费品；适用于为配合企业的促销活动而进行的一系列决策。

另外，提前赠送小礼品也能大大提高客户的成交率。有些销售员在拜访客户时，会随身携带一些小礼品，抽纸、钥匙扣或者是小孩最爱的糖果。他首先把小礼品送给客户，第一时间拉近了与客户的距离。一般来说，很多客户都有这样的心理：喜欢贪小便宜，可是又决不愿平白无故地接受别人的东西。为了心理平衡，他们往往会产生“多少买点东西”的心理。在这种心理促使下，成交也就简单了。

提供价格优惠的方式有3种：

（1）提供成交时间价格优惠。“现场订购的，将能享受五折优惠”，这种话术在现场推销活动中经常出现。

（2）成交批量价格优惠。“超过××元，打八折”，这种达到一定量执行的价格优惠就是成交批量价格优惠。

（3）附送赠品优惠。“正赶上了公司做促销活动，现在购买能得到一个××大礼包”，这就是附送赠品的优惠法。有些时候，一个讨喜的赠品会直接关系客户的成交决策。在心理学中，有一个名词叫记忆的“感情一致效应”，它指记忆和感情是紧密相连的。商家通过赠品让客户感受到了实惠，带给了客户快乐的感受，从而充分调动客户对商家的记忆。

优惠成交法还有许多优点，它可以吸引和招揽大批客户，创造良好的成交气氛；可以促成大量成交，提高成交效率。

在实际工作中，销售员还可以通过限制优惠成交机会，诱发客户的购买机会心理动机，产生机会成交心理效应，施加优惠机会成交心理压力，促使客户自动成交，达成大批交易，提高成交效率。

不过，需要注意的是，优惠成交法也不能滥用，滥用的话，可能使客户失去购买信心，产生新的成交障碍。一方面，采取优惠成交法，通过给客户让利来促成交易，必将导致销售成本上升，若没有把握好让利的尺度，会减少销售收益，增加销售压力。另一方面，采用优惠成交法，有时会让客户产生这样的疑问“为什么要减价？为什么要折扣？为什么要送东西？”他们会误以为优惠产品是次货而不予信任，从而丧失购买的信心，不利于促成交易。

9. 你适时示弱也能促成成交

在创业初期，联想公司的一位销售经理谈了一个大客户。客户有意向购买60台电脑。对初创阶段的联想来说，这是一个关乎公司发展的大订单——如果成功了，公司就能在竞争激烈的PC市场站稳脚跟。可这位大客户却非常难说服，这位销售经理用尽了办法，他还是迟迟没有答应签单。不得已，那位销售经理就请时任总经理柳传志出马，和他一起去公关那个客户。

两人和客户见面后，那位销售经理就开始滔滔不绝地介绍公司和产品的优势，希望能打动对方。可10分钟过去了，客户不仅没有动心，反而脸上出现不耐烦的表情。柳传志的脸色也越来越难看。他终于忍不住打断了销售经理的话，说：“你先别说了，还是我来介绍吧！”

柳传志没有过多介绍产品，而是十分谦虚地承认联想是一家新公司，还有许许多多不足。不过，联想自成立之日起就非常重视产品研发和产品质量。也正因为是一家新公司，联想特别重视客户体验，全心全意把客户当成“上帝”……

奇迹出现了！柳传志这种低姿态竟然得到了客户认可。他一介绍完，对方就说：“很好，就凭您这种态度，我决定要这批产品了！”

在销售工作中，当我们遇到强势、果断、习惯支配人、控制人、有很强烈的个人主见的客户时，不妨使用示弱顺势成交法，一方面体现自己的专业、简洁、不拖泥带水，另一方面以适时示弱的态度与客户交谈，客户如果对产品比较中意的话，会很快速的主动成交。相反，面对这些客户时，如果销售员表现的强势而夸夸其谈，很可能招致客户的反感，交易很可能会陷入失败的死胡同。

在某大型超市内，一位中年男性客户快步走到保健品区询问导购小姐：

男客户：你们这里有没有适合抑郁症人吃的保健品！（没有自我浏览产品，直接询问导购，初步判断客户做事果断，很可能为强势型性格）

导购小姐回答：有呀，是自己吃，还是送人？

男客户：当然是送人，我这么健康，从来不吃保健品！

（客户强势还击导购的疑问，基本可以断定客户属强势型性格。）

导购小姐：抑郁症病人是因为免疫力下降，我们的保健品都能够提高免疫力，洋参含片、洋参口服液、蛋白粉都能够提高免疫力，先生想看哪种呢？

（导购的说服落脚点紊乱，夸夸其谈式的销售话术，没有考虑到客户的需求。）

男客户：不是病人，只是亚健康人，只有轻度抑郁症！

（客户立马纠正导购的不当之词，强势又果断。）

导购小姐：来，先生，您可以看看我们的洋参口服液，补气润肺，很多不清楚的亚健康症状吃了都管用！洋参不是有长寿果之称吗？凭什么叫长寿果，还不就是经过几百年的实践，人们相信它了！再说了，我们产品……

（销售员继续我行我素、夸夸其谈。）

客户：说你们产品包治百病不就得了！

说到这，客户终于不耐烦地走开了。

在这个故事中，面对强势型性格的客户，他一再的重申自己的观点：不是病人，而导购小姐置若罔闻，一再的触犯客户的权威，最终不欢而散。事实上，强势型客户比犹豫性客户更容易成交，因为他会清楚地表达出自己的需求，表现出自己的好恶。销售员只需弯下腰、低下头，注意倾听，摸准客户的脉搏，然后适当引导，就能成单。

早在几亿年前，蜥蜴原是恐龙的同类，但是体积、地位相差悬殊，最终，强大的恐龙灭绝了，而弱下的蜥蜴却一直存活了下来。其根本原因在于恐龙凭借着庞大的身体一直在宣扬着自己的力量，而不懂保护自己，而蜥蜴懂得自己的力量不足，所以它学会了隐蔽自己，得以在大自然的优胜劣汰中存活下来。这就是弱者的生存法则。

向人示威，人人都会；而懂得适当示弱，却只有少数人才能做得到，因为示弱需要智慧，更需要勇气。在销售工作中，为了事业的发展，我们要调整心态，学会适当的“示弱”。一个真正甘心

“示弱”的人，必是一个豁达大度的、宽宏大量的、充满智慧的人，他能以四两拨千斤的技巧搞定强大客户。

10. 利用第三者作证促成成交

在销售过程中，因为利益关系的存在，客户难免对销售员说的话产生怀疑——“真的是这样吗？”此时，销售员不妨引入一个第三者做证言——“你可以去问××”“××就曾经买了，并非常喜欢”。当“××”这个人是对方信任或者认识的人时，客户很容易就信服；当“××”这个人是专业人士时，客户很可能当场就会做出购买决策。

例如，当客户怀疑这种产品是否耐用时，销售员可以这样回答：“我家楼上的邻居已经用了 4 年了，仍然感觉很好。”当客户担心租住的房屋周围环境是否安静时，房产经纪人可以这样回答：“上一个住户睡觉很轻，自从搬到这之后，一直睡得很好，现在是因为换工作才搬走了，他很舍不得的。”虽然邻居、上一个住户并不在身边，可在一般人观念里，总认为“第三者”所说的话较具客观性，较为公正、可信——这些不在身边的第三者能替销售员回答客户心中的疑问，并给对方留下深刻的印象，借此来影响对方做出销售员想要的决定。

从心理学角度讲，在人们的意识里，我们自己说出来的话是我们自己主观的看法，他人说出来的话是事物客观的描述。在实际销售中，销售员可以通过间接地讲述一个第三者的故事来加强事情的真实性，并唤起客户的同理心，说服客户接受你的推销。

美国保险推销员大卫从一个普通的农夫一路攀升至全球最大寿险公司的副总经理。他的成功主要就在于他说第三者故事的推销技巧。

有一次，大卫向一位名叫克利姆的公司总裁推销保险。克利姆性格傲慢固执，非常难被说服。大卫拜访了他好几次，都没有打动他。

这天，大卫一见到克利姆就说："克利姆先生，上周我在芝加哥听说了一件意外事件，我马上就联想到您。"

克里姆不动声色地问："什么事?"

大卫继续说："我正准备乘坐地铁时，突然，地铁口一位卖报纸的中年妇女叫住了我。我一看，原来是我老朋友乔治的妻子芭丽。她告诉我乔治二个月前去世了，他还不到50岁，正是年富力强时，可是突发的心脏病却带走了他。乔治生前的看法就是投资的收益比保险好多了。他把大部分钱投在股票上，没有买任何保险。谁知，前阵子股市崩盘，他的投资全部被套牢。芭丽一直是家庭主妇，但现在为了生活，不得不出来卖报纸赚钱。她儿子才上大学一年级，因为学费问题可能要被迫休学了。克里姆先生，乔治的情况让我想到了您——别误会，我并不是说您会发生意外。我只是感触很深，听到这种悲剧，想到那位可怜的寡妇……谁能不深思自己对家庭的责任呢?"

在这次拜访的当天晚上，克利姆主动打电话给大卫："你明天把保险合同拿过来，我看看。"原来，克利姆下班回到家后，看到养尊处优的太太和正在上大学的儿子，想起了乔治家人的处境——他不敢想象自己妻子和孩子也承受同样的苦难，决定投保。

“他那样，我又会怎样呢?”当客户听到第三者故事时，他会无意识地（有时是有意识地）将自己和故事中的第三者进行比较，会把自己想象成故事的主角。而当客户设身处地思考时，他会说服自己成交。这就是第三方证明的魔力。

第三方证明可以采取多种形式，讲故事是最普通的一种，写推荐信则是另外一种，列举客户名单是可以采用的第三种方式。

不少一流销售员都会带着一本客户写的推荐信做成的小册子。任何一封来自你潜在客户认识或听说过的一个人的推荐信，或是潜在客户了解或听说过的某个公司写的推荐信，对促使成交都有着立竿见影的效果。

买主名单也是一个有效的第三方证明。销售员如果能汇编一份著名客户的名单，对促使成交也十分有益。如果这个名单能是客户自己手写的，那就更加有说服力了。

心理学告诉我们，每位潜在客户内心都有很强的模仿倾向，“谁谁买了，他的判断力是值得信赖的，谁谁签约了，他的成就越来越突出了”，针对客户的这种心理，销售员恰当使用第三方证明策略，一定能省掉很多的说服成本，因为客户自己就把自己说服了。

第八章

结下“销售缘”，让老客户成为“你的推销员”

二八法则告诉我们，20%的老客户能带来了80%的利润。销售规则告诉我们，发展一个新客户的成本是挽留一个老客户的3－10倍。“帮我介绍几个朋友吧”，“下次，你有什么需要，随时找我”，这种话有着无穷的魔力，它能将一次成交转化成两次、三次成交，省去很多销售环节，因此，成交结束对于销售员和客户来说，缘分并没有结束，而是刚刚开始。在签单后，销售员一定要维护好与客户的关系，将其培养成永久性铁杆客户。

1. 多替客户着想，做好关联销售

有个年轻人到一家大型的百货供应公司应聘销售员。老板让他先试干一天，再决定是否留用。

傍晚下班时，老板问他做了几单买卖。

他说："只有一单。"

老板很失望，因为别的销售员可比他勤快多了，每天从早忙到晚，一般都能拿下六七个单子。看来这家伙实在够懒的。可以让他走人了。于是，老板漫不经心地问："你这一单多少销售额啊？"

没想到年轻人回答说："30 万美元。"

老板顿时惊呆了，半天才回过神来，有点不相信地问："30 万……你怎么做到的？"

"是这样的。"年轻人说，"有位先生需要鱼钩，但并不确定自己应该使用什么样的鱼钩，因为他是新手。不过，他空闲时间比较多，收入丰厚，对钓鱼很感兴趣。于是，我告诉他，在海上或江面上钓鱼用的工具是不一样的。我先卖给他大、中、小号三种鱼钩和鱼线，还有鱼竿、鱼篓、折叠椅、遮阳帽。我问他去哪儿钓鱼，他说想去海边，所以我建议他买条船，带他去了我们卖船的分公司，卖给了他一艘 6 米长的有两个发动机的帆船。那位先生的大众牌汽车拖不动这么大的帆船。我又将他介绍给汽车销售部门，卖给了他一辆丰田新款的豪华车。他很大方，且他确实需要那些产品。”

老板有些难以置信：“仅仅想买两个鱼钩的客户，你是怎么说服他购买那么多产品的?”

年轻人笑着说：“不，老板，他只是从这儿路过，进来问我明天的天气怎么样，我说明天的天气很好，又是周末，干吗不去钓鱼呢？然后，我就把他需要的产品介绍给他了!”

一天搞定一笔30万美元的大单，这就是关联销售的魅力——销售员通过一次向客户推销与其所购买产品相关联的产品，既能一次性满足客户的需求，带给客户更大的满意度，也能给自己带来更大的利润。

再来分析一下，上面事例中试用第一天的年轻人如何只用一个订单就签下30万美金销售额的吧!

客户询问天气，很可能是第二天想去某个地方休闲娱乐，但还没打定主意；客户说自己是钓鱼新手，说明他还没有购置钓鱼的全套器具；客户想去大海钓鱼，那正好需要一艘配得上他身份的游艇或帆船；而客户无法将船拉回家，又说明他需要一辆称职的汽车。那个年轻人都及时替客户想到并提供了服务。客户当然会水到渠成地签单。看来，第一天就搞定一笔30万美元的订单，一切源于他能多替客户着想。

在产品的销售中，销售员能多想一个环节，能够抓住的商机就可能更多。面对这样一个潜在客户，如果你不想、不问、不去关注客户的需求，那你能做的只不过是漠不关心地回复他一句“明天天气很好”，然后得到一个带有谢意的微笑。他转身走开了，带走的就是30万美元的没有机会变为现实的潜在订单。

实际上，当客户一开始自主地购买了一些产品后，再做关联推销，客户一般都会不由自主地接受销售，认为销售员是在帮助他获得更完美的服务，而不是为了推销他认为可有可无的产品。客户会购买销售员附加的推销，也是对他自己之前要做出购买的决定的一种认可。但是，如果在一开始就直接销售给他的话，客户一定会有所抗拒。

一般说来，关联推销有4个关键时机：

（1）店内有相关配件时。客户购买的产品需要相关的配件配套时，销售员可以进行附加推销。

（2）有促销活动时。促销活动是促进客户进行附加购买最主要的诱因之一。客户在此时可以买到物美价廉的产品。

（3）上新款产品时。销售员可以在客户购买产品时把新款的产品推荐给客户，以实现附加推销。

（4）客户和朋友（同伴）一起购物时。在产品推荐和介绍过程中，无视客户同伴的感受是不明智的销售。聪明的销售员不但懂得讨客户同伴的喜欢，而且懂得在时机合适时说服他的同伴购买，这也是常见的附加推销。

在具体销售工作中，为做到关联销售，我们要做到：

（1）把握时机，一定要在客户已经确认要购买了，但是还没有完成付款交易时附加推销。

（2）给出一个简单但是可以打动人的理由。

（3）推出一个一看就懂不需要多加解释的产品或者服务。

（4）附加介绍的产品，一般是门店导购员有把握的产品，否则客户会把先选定的产品一并放弃。

（5）介绍完附加的产品后，请客户自主做决策。

在整个过程中，销售员要谨记，当客户购买任何产品和服务时，都要先问问自己：客户最终想要的结果是什么呢？因为客户真正向我们购买的不是产品和服务本身，而是它们能给他带来的好处或能解决的问题。我们唯一目的是解决客户的问题。

2. 积极回应客户反馈，做好售后服务

李娜是一位百货商店推销员。

有一次，一位大妈来她的柜台看上了一款唐装，爱不释手，但最终没买。之后，她反反复复来了三四次，就是没有买。等到第五次，李娜在门口帮客人开发票时，看见大妈进来，赶紧热情地把她迎接到自己的柜台。李娜把大妈看中的那款唐装拿出来给她详细介绍了面料的考究和图案的设计寓意。大妈终于买下了。

成交后的次日早上，大妈就拿着唐装找来了："这件衣服的缝线歪了，能给我换一件吗？"

李娜毫不犹豫地说："行！"就给她换了一个同款，大妈高兴地走了。但是下午大妈又来了，这一次的理由是腋下有个很小的洞。李娜仔细一看，还真是那么回事。可是同款的就这两件："要不你看看别的款式我给您换一款？"

大妈很发愁：“我没有喜欢的了。”

李娜也没有坚持推销：“没事，您实在不喜欢我就给您退了，百货商场现在允许七天无理由退换货。”

大妈很愧疚地说：“退了你会不会挨批评呀？”

李娜忙说：“没事儿，没事儿。”

李娜接着热情地帮去柜台退钱了，大妈满意地走了。这一次退单，带来的收益超出李娜的想象。大妈之后每次来商场就会向李娜打听有没有新款，就这样成为李娜的老客户，还介绍了小区的其他大妈过来购买。

推销活动真正的开始在成交之后，而不是之前。推销是一个连续的过程，成交既是本次推销活动的结束，又是下次推销活动的开始。推销员在成交之后做好售后服务，将会既赢得老客户，又能吸引新客户，使生意越做越大，客户越来越多。

卓越的销售员都十分注重客户的售后体验，他们在售后的一个不经意小动作，往往为其带来意想不到的后续客户。相反，很多急功近利的销售员肤浅地认为只要自己能够说服客户成交、完成公司的销售任务就万事大吉了，其他的事情堂而皇之地扔给服务部门去处理。持这种想法的销售员大多是那些缺乏全面的战略眼光的人，他们并不清楚，如果自己更加积极主动地协助其他部门的人员为客户提供更加满意的服务可以为自己带来怎样的回报。

做售后，意味着要接受客户的抱怨、异议，很麻烦，很烧脑，但这也同时意味着忠诚客户的养成。为客户提供良好的售后服务，也是增强和巩固友好客户关系的重要方式，很多企业的优秀销售员都是通过这种方式获得越来越多忠诚客户的。

处理客户的疑问，只要付出一点耐心+技巧，就可以轻松搞定。

首先，要学会倾听。在不能了解客户的真实问题时，尽量让客户说话。多打听一些问题，带着一种好奇的心态，发挥刨根问底的精神，让客户多发发牢骚，多提提问题，了解客户的真实需求。

接着，无条件地同意客户的感受。当客户说完后，不要直接回答问题，要感性回避，这样可以降低客户的戒备心理，让客户感觉到你是和他站在一个阵线的。

然后，在客户平息之后，“复述”一下客户的具体异议，详细了解客户需求，让客户在关键问题处尽量详细地说明原因。

等到确认找到客户问题，再开始回答客户疑问。你要做的是重复你所听到的话，这个叫作先跟，了解并且跟从客户和自己相互认同的部分，这个是解决问题的关键，这样做可以了解你的客户是否知道你的产品优势，为接下去的引导做铺垫。

最后，再来提出处理方法，彼此之间的隔阂就会消除，只有这样才能和客户建立起真正的相互信任的关系。

售后服务的第一宗旨，当然是巩固已有的订单，但是实在处理不了，像上述案例那样以不惜毁单的方式，换取更多的可能，也是明智的选择。在上述案例中，李娜是可以少说一句“百货商场现在允许七天无理由退换货”，那么她就可以成功保单的，但是她没有这么做，这就是销售员的战略眼光。所谓放长线钓大鱼，就是这个道理。

赢得老客户主动推荐或不请自来的推荐的一个关键在于你能否

提供令人难以置信的服务。逃避售后或者服务浅尝辄止，都不是成熟的销售员。21 世纪是新经济的时代，新经济的本质上属于服务经济。有形产品在满足消费者需求中的比重正在逐步下降，而服务的价值正变得越来越重要，进入了服务制胜的时代。作为销售员，一定要明白这个道理：售后服务不再可有可无，而是你销售工作的必要部分，是积攒人脉的武器之一。

3. 最好的新客户是由老客户升级成的

百货业中较为高档的诺士众百货即使在 20 世纪 80 年代与 90 年代初期的经济衰退期，仍能安然通过考验，主要是因为这家百货公司的原则就是：与客户搞好关系。

企业顾问丹尼斯·魏特利曾说："诺士众百货是世上最让人吃惊的零售店。我太太安娜已经把诺士众百货当作忠实的盟友。她曾有一次在诺士众购买了两双皮鞋。两周后，她拿回去退货，因为有一双鞋不太舒服。结果，诺士众把两双鞋都收回去了。"

即使如此，丹尼斯·魏特利也想不到，有一天晚上他会在家里接到一个电话，对方是位亲切的女士。

"请问安娜·魏特利女士在吗？我是诺士众百货的客户服务代表玛丽。"

"玛丽，你有什么需要？你一定是想多做点生意吧！我们正准备用晚餐，我不希望用餐时有任何干扰，你有什么事找安娜？"

“我们公司新进的一批女鞋中，正有安娜想要的尺码与颜色。我下班后，可以顺便帮她送过去。”

“我记得你，你不是住在南边吗？我们住的地方在北边，你一点都不顺路。再说我们5分钟以后就要开始用餐了，你也来不及送到。不过，还是谢谢你。”

“我用的是手提电话，我现在正在府上的车道上。”

“噢！那么请进吧！”

诺士众当然做成了生意，这一次，连魏特利先生也印象深刻，难以忘怀了。

和老客户建立持续关系的一个方法就向他们推销额外产品。做过快餐业的人士都知道，仅仅一句简单的“你要炸薯条吗”，每年就能卖出数十亿份炸薯条。

事实上，销售员还可以让老客户购买的更多：

（1）向他们销售新产品。人们都喜欢购买新的物品。你的热情是关键。你要对新产品（或更好的产品）充满热情，并将这种热情传递给客户，告诉他们这种新产品会带给他们更多的服务或更高的产出。只要你的热情感染了他们，他们就会购买。

（2）向他们销售升级版或加强版产品。更大、更好、更快。自计算机软件产业诞生以来，加强版和升级版产品就一直是它的利润来源。推销精华版产品，老客户是首选，毕竟老客户那里是松软的土壤，而新客户那里通常都是乱石丛生。

（3）向他们销售额外的产品和服务。你的公司或许提供一系列不同的产品或服务，但只有很少的客户会购买全线产品。有时候客户会说：“哦，我不知道你们也销售这个。”当你听到这样的话时，真的该戳瞎自己眼睛了。

每一位老客户都是一座宝藏，但要想挖掘老客户这座宝藏，并不容易，要知道，销售人员每天都在接触不同的客户，忘掉一些客户的情况难免出现，这就需要销售员能够做好客户档案，才不会失去很多机会。

销售员客户档案的内容应该包括，客户的基本信息，如客户的姓名、性别、爱好、性格、年龄、生日、家庭情况、职业、收入情况、联系电话等，还要有客户的成交信息，如客户购买的产品、型号、保修期限、使用年限、使用情况、购买价格等等。

上面故事中，诺士众百货之所以能打动魏特利先生，原因就在于它准确地掌握了客户的尺码与颜色，客户的家庭地址和电话等等信息。唯有全面掌握老客户的信息，我们才能更好地发展和维系客户，制定有效的市场营销及服务策略，获得更多商机。

4. 设置 VIP，满足老客户的优越感

有一个开店的学员，画了一些老客户的漫画并且悬挂在墙上，最主要的是，客户一点也不知情。

直到他们突然看到自己非常好看的漫画，你可以想象，他们看到后会有多么惊喜。

那么，这些老客户主动进行口碑传播，免费介绍就是自然而然的事了。因为他们看到后，就已经迫不及待地要把这件趣事分享给

他的朋友并且带到这家店来看一看了。

这个“老客户漫画”策略很成功，从客户的角度出发创造，让老客户感受很有面子，体验到了“非常重要客户”的优越感。

人类从来都是在比较中进步的，在比较中自寻烦恼，也在比较中自我安慰，这优越感便是人们自我安慰的良药。大多数人都会不同程度地拥有某种优越感，比方说职业优越感，一个月薪上万的人在拿千八百的人面前会感觉良好；长相上的优越感，美女都不愿和美女做朋友，因为那样不足以显出她的美来；家庭上的优越感，出身高贵的女人大部分会瞧不上普通家庭的男人。

全世界的人都在追求第一、最强、最有能力、最漂亮、最优秀等，而真正能追到的却是极少数的人。那么，绝大多数人又怎样来宣泄他们的优越感呢？只有一种方法，那就是别人的恭维。

每个人都很重视他在别人眼中的位置，如果你从中给对方制造优越感，让对方感觉受到了不同的待遇，对方会很乐意接受你，并且还会感激你。VIP 和 VVIP 就是利用消费者的这个心理。

1776 年，美国摘掉英属殖民地的帽子，宣称：所有人生而平等；20 世纪 80 年代，还是美国人，用一句“Very important person”作为邮件的标题。从此 VIP 被广泛使用，人们又被拉回了等级时代。

在商业领域，VIP 本来指的是创造了 80% 利润的 20% 人群。他们直接关系着企业的兴衰，员工的饭碗。因此，企业对之悉心呵护，格外照顾：银行的 VIP 不用排队；航空公司的 VIP 有单独的休息室；QQ 的 VIP 在游戏大厅里可以随意“踢人”。

正是这些“小特权”，成功满足了已有 VIP 客户的优越感，也成为企业促销的利器——潜意识里，人们总是希望自己是多数人中拥有特权的少数人，在社会阶层中位列更高的等级。商家则顺势扮演着布道者，一边以增值服务为诱饵，一边向客户灌输“VIP并不是天生的，人人都可以成为VIP”。

2011年，某市场研究公司曾以500名消费者为样本进行调查，其中19%的受访者有5张以上的VIP卡。除了熟悉的垄断行业，还包括服装、餐饮、美容、KTV，甚至修鞋铺。29%的受访者承认，通过预存一定的金额换来了VIP；35%的受访者为了晋级为VIP曾发生不必要的消费。随着门槛降低，VIP的人数越来越多，商家承诺的“小特权”却越来越少，能兑现的更少，“不平等”日益趋向“平等”，“VVIP”应声而出。

销售员在见老客户时，要反复讲这样的话：“像您这样的好客户，真是太棒了，遇到你真是我的福分。对了，请问您还有没有像您这样大方热情的好客户呢?”VIP，VIP，销售员一定要让客户感觉到他拥有优越感。

5. “感动”是你赢得众多客户永不过时的武器

苏格拉底说过：“任何细枝末节都具有特别重要的意义。”人都是情感动物，很容易被细节打动的。销售员如果能适时给老客户做点“意外小事”，就会让他们特别放心和感激。

刘强是一位百脑汇的一位普通推销员。

有一天，一位白领男士来到他的店里，晃悠一圈，一台电脑都没有看中。按照一般销售员的做法，肯定是放弃了。但是，刘强做了个很奇怪的举动——他自告奋勇陪客户逛同行的店铺："大哥，我做电脑销售好几年了，我对这里每个品牌都了如指掌，让我陪你一起去挑选，帮你砍价，就当交个朋友了。"

那位男士当然很乐意找了个免费的陪购。刘强没有食言，耐心地带客户逛遍了各个品牌。最终，客户还是没挑选到心仪的电脑。

结果呢？他回头买了刘强家的电脑。他对刘强说："坦白地讲，你家电脑确实很一般，我买你的电脑，纯粹是被你的负责精神打动了。这么对客户负责的销售员，实在难得啊！"

那位男士自己在刘强那里买了4台办公电脑，还在朋友圈义务为其宣传，为刘强拉到了好几单。

这就是感动营销的力量。

消费心理学指出，客户既是"理性的卫道士"，又是"情感的俘虏"。对于老客户而言，尤其是不差钱的那种，他们有时候购买东西所看重的已不是产品数量的多少、质量的好坏以及价钱的高低，更多是为了一种心理上的满足，面子上的过瘾和情感上的填充。销售员若能洞穿他们寂寞的情感需求，一个可能微不足道的小感动，就可能带来一次意想不到的购买行为。

感动是基于人性中对于真善美的追求。你展示了你的真诚，你就捕获了客户的芳心。不管物质如何发达，不管科技多么进步，不管文化差异多大，人们都渴望感动。

日本东京某百货公司的销售员山口曾经做了一件震惊国际的感

动营销。曾经有一次，山口向一位美国女士销售一台索尼唱机，客户走后，他发现自己卖出的是一个空心样机。于是，山口开始和警卫四处寻找那位女士，结果在商场怎么也找不到。情急之下，山口想起来女士留下的名片，就据此线索给东京各大旅馆打电话，企图找到这位女士的住宿地，结果依然失败。山口还是不放弃，就开始给女士所在的美国公司打国际长途，要到了女士父母的电话号码。山口连夜给她的父母打了电话，从而找到女士在东京的联系方式。第二天一大早，山口就给女士打了道歉电话，紧接着打车赶到了女士的住所，当面鞠躬道歉，并更换了正轨唱机，外送了几张唱片和早餐一份。女客户非常感动。山口此时才得知她是一位著名记者，因为发现自己被坑已经写好了一篇痛斥索尼欺诈的新闻稿。山口大费周章的致歉行为让她当场撕毁了负面新闻稿，而写了一篇专栏稿子报道山口及其公司一心为客户着想的事迹。这让山口声名鹊起。美国记者和山口成为朋友，之后为他介绍了很多单子。

人是有感情的动物。真正的营销高手，不仅仅能卖产品给人，还能让客户从心动、到感动、再到依赖和忠诚。

俗话说，人情债是永远还不完的债，如果你能持续感动人，你就能持续卖东西给他。

对客户进行感动营销要把握以下几个要点：

（1）从客户的角度思考；

（2）牢记“为客户节约每一分钱”；

（3）尽量为客户多做一些事；

（4）抓住节假日和生日等时机持续化关怀；

（5）关怀动作不需要大，但最好有惊喜。

6. 广结善缘，用尽老客户的朋友圈

我们都知道，华人首富李嘉诚是销售出身的。很多人只知道李嘉诚卖塑胶花发家的，其实在此之前，李嘉诚还为人卖过五金。

当时，他的主要任务是推销白铁桶，他仔细研究了香港散户市场，发现高级住宅区的家庭大多不用白铁桶，而是使用铝桶。于是，他就转移阵地，把推销的目标瞄准中下层的居民区。但这样做也有一个问题，那就是一户家庭通常只使用一两只铁桶，销售量根本就比不上旅店、酒楼。可是，家庭散户也有一个后者无法比拟的优势，那就是民间的消息传播快，只要建立良好的“口碑”，不怕打不开市场。但是，该从哪里入手，占领这一分散而又庞大的市场呢？他苦思多日，仍一筹莫展，于是成天在居民区转悠，寻找灵感。

终于有一天，李嘉诚在居民区看到几位老太太围坐在椅子上择菜、聊天，突然有种茅塞顿开的感觉，于是，他决定将推销的目标锁定在老太太身上。他这样盘算：老太太都没有工作，闲在家里就喜欢相互串门，唠叨些家长里短的事。如果专找老太太卖桶，只要卖了一只，就等于卖掉了一批。只要他自己推销得法，赢得不错的口碑，等于无形中增加了大量的义务推销员，这样积少成多，加起来的数量也会相当可观。果然，这一招大获成功。很快地，年轻的李嘉诚业绩遥遥领先，成为五金厂的销售冠军。

世界顶尖激励大师安东尼·罗宾说：“人生最大的财富便是人

脉关系，因为它能为你开启所需能力的每一道门，让你不断地成长，不断地获得财富，不断地为社会做贡献。”

每个人都离不开社会、离不开他所在的群体，只有广交朋友，积攒人脉，才能为成功助跑。世界有95%的人知道比尔·盖茨是世界首富，70%的人知道比尔·盖茨的成功是因为他创立了微软，掌握了电脑发展的趋势。但是，很少有人知道比尔·盖茨成功的一个关键因素——他的人脉很广。

作为销售员，在忙着建立人际圈的同时，别忘了客户也有自己的人际关系，你与客户的关系相处得好，客户自然会将你推荐给其他的朋友。这样，你认识了一个客户，就等于认识一群潜在客户。

让客户帮助销售事实上比销售员自己去寻找客户容易得多？因为，心理学有个著名的第三者效应，就是在一般人的观念里，总认为“第三者”所说的话较具客观性，较为公正。销售员自己来说自己产品多么多么好，总有王婆卖瓜之嫌，而通过老客户的口碑相传，效果就会出奇的好，准客户相信你的老客户便能接受你的产品。这就是优秀销售员为什么要打入老客户朋友圈的原因所在。

那么，什么样的老客户，销售员能打入其朋友圈呢？以下是可能会跟销售员产生互动的3种客户。

（1）利益交换型客户。这类客户很现实，他肯帮你介绍，一定是得捞点好处。商业社会嘛，这可以理解。事实上，通常这种客户比较好搞定的，只要你明确给他提出好处，他就会给你卖力介绍。就连大名鼎鼎的乔·吉拉德每做完一单生意，也会明确告诉客户，如果介绍别人来买车的话，成交之后会得到25美元的酬劳。

（2）资源交换型客户。这种客户给你介绍熟人购买，不要你的酬劳，但你也不要觉得遇到了雷锋。他可能在给你介绍几个客户后，会在别的地方需要你提供帮助。虽然不能带来销售业绩，但该还的还是要还。实在帮不了，一定要让他看到你尽力了。

（3）纯友谊型客户。世界上还是有这种热情大方不图回报的人的，他们给你介绍业务纯粹是看好你的人品，顺道给你帮忙。这类客户不要把他当客户，一定要把他当成好朋友。

最大化利用好老客户的人脉资源，销售员可达到事半功倍的效果。当然，这也是销售员境界的一个标识。因为有这样一句话：三流的销售员，把产品卖给需要的客户；二流的销售员，把产品卖给任何人：一流的销售员，让客户帮自己销售产品。

7. 与老客户保持联系，让其主动介绍生意

对于有经验的销售员来说，一单完成，就意味着与客户保持联系的开始，而与客户保持联系，有助于获得回头客或者更多客源。许多优秀的销售员都非常重视与优质老客户保持联系。

世界上最伟大的销售员乔·吉拉德坦诚自己的推销秘诀就是联系、联系、再联系。他说："陌生人之间本来就没有关系呀！要想建立关系，就得不断地联系。没有联系，关系就断了，后期怎么销售呢?"

很多菜鸟销售员喜欢过河拆桥，东西一卖出去就"再见"。资深的销售员都不会这么做，都会常年如一日地与客户保持联系，以

各种方式与客户接触，加深在客户心目中的印象。于是，他们不仅赢得了许多“回头客”，还赢得了许多老客户介绍的新客户，着实享受着“口碑营销”带来的切实利益。

心理学中有个著名的重复定律：任何的行为，只要不断地重复就会得到不断的加强。在人的潜意识当中，不断地重复一些人、事、物，最后都会变成事实。与客户的关系也是如此，一开始是买卖关系，当销售员重复联系的多了，就会成为对方“最熟悉的陌生人”，进而与对方成为朋友。

正所谓日久见人心，销售员和客户维护关系，除了偶尔惊喜性联系之外，最重要的是要做好日常联系。

和客户保持联系，销售员有以下几种途径：

（1）定期在朋友圈向客户推送文章。当你在阅读有趣或有用的内容时，如果发现某些信息客户感兴趣，就可以转发给客户，并且附上简短的说明，这会让客户感到贴心。当客户发表内容时，你可以及时评论或者点赞，当你和客户同时在线时，可以打个招呼。

（2）特殊日子表示爱心。在客户的生日、结婚纪念日、孩子生日、孩子毕业日等等重要日子的那天，要记住给客户发送一些祝福卡片，这能让客户感受到你的细心。

（3）定期向客户的电子邮箱里发送一些本公司的材料，包括新的产品、新的服务等等，以便客户及时了解你的产品信息。

（4）邀请客户参与活动。公司举办的活动可能引起客户的兴趣，你就可以邀请你的客户一起参加。买不买产品另说，至少是一次交流沟通的机会。当你参加一些产品展示会或者招聘会时，假如你的客户也在参加，你就要积极主动地去寻找他们。花几分钟和他们交流一下，聊聊家常。

（5）向客户寻求帮助，也是一个建立联系的好由头。前提是你要记住客户擅长的领域，当你在该领域有困难时，也可以寻求他们的帮助。当然，你不能过分地请求他们的帮助，而是要适度。

（6）适当送客户一些小礼品。记住，送给客户的礼物上，一定要便于携带，经常使用，方便“秀”。比如，送装裱好的相片或者绘画，印有产品信息的个性化马克杯，客户一般都用在办公场所，有很强的装饰作用和频繁使用的功能，可以达到比较好的联系效果。

让老客户介绍新客户有三个最佳时机：当客户满意签单时；你的服务得到认可时；你为客户做了一些惊喜的事情，客户对此表示感谢或赞赏之时。送礼物时就是最后一个。所以，当礼物发出之后，别忘了，隔几天打过去电话确认收到没有。当客户高兴地表示感谢时，你可以乘胜追击，问他有没有其他像他这么出色又对自家产品感兴趣的朋友。

需要提醒的是，跟进老客户要遵循“欲擒故纵”的方式进行，而千万不能急于求成，不分时间、地点地催客户介绍，否则一定会弄巧成拙，引起反感。最好的做法是和他真心实意地做朋友。只要你坚持不懈，相信老客户一定会给你带来惊喜的。